HUNDESCHULE FÜR JEDEN TAG

Erziehung, die dem Hund Spass macht

Autorin: Katharina Schlegl-Kofler
Fotos: Christine Steimer
Zeichnungen: Renate Holzner

INHALT

KAPITEL 1

DAS WESEN DES HUNDES

Verhaltens-weisen

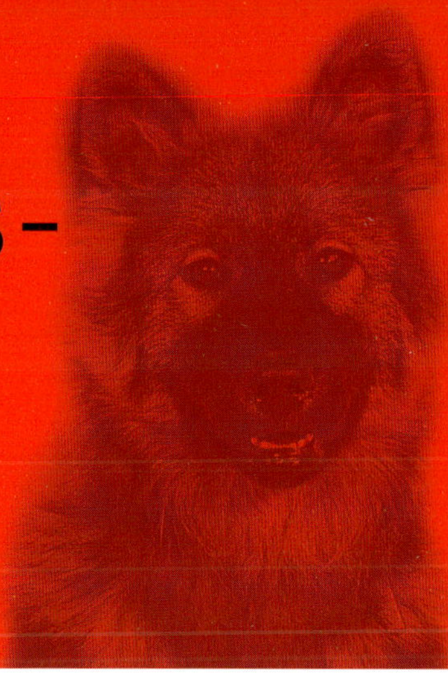

Am Anfang war der Wolf

Seit vielen tausend Jahren ist der Hund schon treuer Begleiter des Menschen. Forschungen und Ausgrabungen haben ergeben, dass sich die ersten Wölfe bereits vor mindestens 14 000 Jahren dem Menschen angeschlossen haben. Warum sie das taten, darüber lassen sich nur Vermutungen anstellen. Am wahrscheinlichsten gilt heute, dass Wölfe die Abfälle in der Nähe der menschlichen Lager als günstige Nahrungsquelle nutzten und Frauen damals vermutlich immer wieder Wolfswelpen säugten, wenn sie ein Baby verloren hatten.

Die meisten dieser Wölfe sind sicherlich später wieder in die Wildnis zurückgekehrt. Manche aber waren weniger scheu und blieben in den Lagern der Menschen. Diese weniger scheuen Tiere paarten sich untereinander, und so entstanden mit der Zeit Populationen, die von den in der Wildnis lebenden Wölfen isoliert waren. Dies war eine wichtige Voraussetzung für die »Haustierwerdung« des Wolfes.

Heute ist unbestritten, dass der Wolf der alleinige Stammvater unserer Haushunde ist. Ein wichtiges Indiz dafür ist die freiwillige Verpaarung zwischen Hunden und Wölfen, die auch gelegentlich in freier Wildbahn vorkommt; die Nachkommen sind fruchtbar. Paarungen zwischen Hunden und Goldschakal oder Kojote, die früher ebenfalls als Ahnen des Hundes vermutet wurden, kommen dagegen fast nur in Gefangenschaft vor. Solche Mischlinge sind nicht immer fruchtbar. Die Ähnlichkeiten und Übereinstimmungen im Sozialverhalten und in der Verständigung mit Artgenossen sind weitere Hinweise auf eine enge Verwandtschaft zwischen Wolf und Hund.

Sosehr der Mensch einerseits den Hund schätzt, so verhasst ist mancherorts sein wilder Vorfahr auch heute noch. Blutige Horrorgeschichten über den Wolf, die wohl eher in das Reich der Fabeln gehören, geisterten durch die Jahrhunderte. Er wurde unerbittlich gejagt und so in manchen Gebieten vollständig ausgerottet. Dabei ist der Wolf ein äußerst interessantes Tier, und seine Erforschung steuert überaus viel zum richtigen Verständnis unserer Hunde bei. Umfangreiche Forschungsarbeiten haben dazu beigetragen, dass viele Menschen heute den Wolf glücklicherweise anders sehen als früher. In einigen Ländern gibt es spezielle Schutzprogramme, die sein Überleben sichern sollen.

Ob groß oder klein – Stammvater aller Hunde ist der Wolf. Ein artgerechter Umgang, der das berücksichtigt, ist Grundlage einer harmonischen Mensch-Hund-Beziehung.

Wolf und Hund

Die Domestikation einer Tierart beginnt damit, dass eine von der Wildform isolierte Population entsteht. In der Geschichte des Hundes waren dies die weniger scheuen Wölfe, die in den Lagern der Menschen blieben. Irgendwann begann dann der Mensch, gezielt bestimmte Tiere miteinander zu verpaaren. An die Stelle der natürlichen Auslese trat die Auslese durch den Menschen. Er förderte gezielt die Eigenschaften, die für das Zusammenleben und für die Aufgaben des Hundes am wichtigsten waren. In manchen Verhaltensweisen ähneln viele Hunde heute deshalb einem jugendlichen Wolf.

Aussehen und Verhalten

Die Zucht und Haltung in menschlicher Obhut hat zu Veränderungen beim Hund im Vergleich zum Wolf geführt. Einer der augenfälligsten Unterschiede ist das äußere Erscheinungsbild. Kein anderes Haustier weist eine derart große Variabilität im Aussehen auf wie der Haushund. Manche Rassen unterscheiden sich so stark, dass es schwer fällt, sie ein und derselben Art zuzuordnen. Dennoch macht es einem riesigen Irischen Wolfshund keine Mühe, einen winzigen Chihuahua als Artgenossen zu erkennen. Und der Deutsche Schäferhund ist nicht näher mit dem Wolf verwandt als der Pekinese. Diese Variabilität kommt neben anderen genetischen Mechanismen, weil es auch beim Wolf viele Unterschiede im Aussehen gibt.

Verhalten: Die Auslese durch den Menschen brachte auch Veränderungen im Verhalten mit sich. Das »Grundgerüst« ist Wolf und Hund gemeinsam. Der Hund ist, wie sein Stammvater, ein soziales Wesen und bevorzugt das Leben in einem Rudel. Im Gegensatz zum Wolf werden aber sowohl Artgenossen als auch Menschen als Rudelmitglieder und Rudelführer akzeptiert.
Der Wolf als Wildtier ist unabhängig und selbstständig. Er hat eine angeborene Scheu und Ängstlichkeit vor dem Menschen. Unbekanntem und Bedrohlichem weicht er nach Möglichkeit aus. Bei ernsthaften Rangordnungskämpfen, der Verteidigung von Nahrungsressourcen oder eines Territoriums werden Wölfe aber zu vehementen Kämpfern. Selbst wenn ein Wolfswelpe vom Menschen aufgezogen wird, bleibt er ein Wildtier mit allen typischen Eigenschaften.
Dies gilt in ähnlichem Sinn für die Haltung von Wolf-Hund-Bastarden. Weder Wölfe noch Wolfsmischlinge gehören daher in die Hände von Laien. Haltungsexperimente dieser Art sollten ausschließlich kompetenten Wissenschaftlern vorbehalten bleiben.

Die Verständigung

Die verschiedenen Arten der Verständigung mittels Mimik, Körpersprache, Lauten und Geruch sind beim Wolf wie beim Hund zu finden. Mimik und Körpersprache, also die nonverbale Kommunikation, hat jedoch einen ganz besonderen Stellenwert. Im Gegensatz zum Hund ist diese Art der Verständigung beim Wolf noch wesentlich differenzierter. Im Bereich des Aggressionsverhaltens dient sie beim

Wölfe sind hoch soziale Tiere mit vielfältigen Verhaltensweisen. Je mehr wir über sie wissen, umso besser verstehen wir die Hunde.

Wolf dazu, Auseinandersetzungen im Vorfeld tätlicher Angriffe zu klären und den Ernstkampf weitgehend zu vermeiden. Denn ein Wildtier kann es sich nicht leisten, ein unnötiges Verletzungsrisiko einzugehen. Verletzte Rudelmitglieder könnten auch die wichtige Aufgabe des effektiven Jagens nicht erfüllen und so unter Umständen das Überleben des Rudels gefährden. Hunde beißen dagegen schneller zu.
In der Verständigung durch die Stimme hat der Hund verschiedenste Belllaute entwickelt. Das Heulen des Wolfes kommt bis auf wenige Ausnahmen, wie beispielsweise beim Husky, wesentlich seltener vor.

Die Fortpflanzung

Wölfe sind als Wildtiere bei der Aufzucht ihrer Jungen sowohl vom Klima als auch vom Nahrungsangebot abhängig. Beide Geschlechter werden nur einmal im Jahr paarungsbereit, die Welpen werden im Frühjahr geboren. Aber es bekommen nicht alle Wölfinnen eines Rudels Junge, sondern in der Regel nur die Alpha-Wölfin. Und nur der Alpha-Wolf darf Vater werden. Da unsere Haushunde weder vom Klima noch vom Nahrungsangebot abhängig sind, gibt es das ganze Jahr über Welpen. Hündinnen werden meist zwei Mal jährlich läufig, Rüden sind allzeit bereit.
Die Geschlechtsreife wird beim Hund wesentlich früher erreicht als beim Wolf, nämlich überwiegend schon im zweiten Lebenshalbjahr. Wölfe können sich dagegen erst mit etwa zwei Jahren fortpflanzen.

Hund und Mensch

Kein anderes Haustier hat sich dem Menschen so eng angeschlossen wie der Hund. Die Bereitschaft für das Leben in einem Rudel ist zweifellos ein Erbe des Wolfs. Das Besondere beim Hund ist aber, dass er sowohl mit Artgenossen wie auch mit dem Menschen eine enge soziale Bindung eingehen kann. Der Mensch wird so für ihn zu einem echten Sozialpartner, zu einer gewissen Form von Artgenossen.
Der Hund passt sich nahezu problemlos allen menschlichen Lebensumständen und -umfeldern an und ist bereit, Regeln für das Zusammenleben zu akzeptieren. Selbst wenn es einem Hund in seiner Kindheit an Menschenkontakt

HUND UND WOLF

Unterschiede zwischen Wolf und Hund

- Im Gegensatz zum Wolf ist für den Hund der Mensch ein echter Sozialpartner. Dies ist eine der wichtigsten Voraussetzungen für ein Zusammenleben von Mensch und Hund.
- Die Domestikation und Zuchtauslese durch den Menschen hat bewirkt, dass der Hund in vielen Verhaltensweisen einem jugendlichen Wolf ähnelt. Er ist fügsamer, abhängiger und leichter zu beeinflussen als sein Stammvater.
- Der augenfälligste Unterschied zum Wolf ist aber das äußerst variable Erscheinungsbild der Hunde.
- Der Wolf bleibt ein Wildtier, auch wenn er von Hand aufgezogen wird. Er ist fluchtbereit und stets auf der Hut. Das Zusammenleben wie mit einem Hund ist nicht möglich.
- Im Gegensatz zum Wolf, einem reaktionsschnellen, geschickten Jäger, verhalten sich die meisten Hunde beim Jagen grundsätzlich ungeschickter und weniger zielgerichtet.

mangelte, lässt er sich an ein Zusammenleben gewöhnen. Sicherlich fehlen einem solchen Hund wichtige Erfahrungen, und deshalb gibt es dann durchaus Probleme. Aber der Mensch ist für den Hund nicht instinktiv ein »Feind«, wie es beim Wolf der Fall ist. Auf der anderen Seite vergisst der Hund nie, welcher Art er angehört, und wird einen vierbeinigen Artgenossen immer als solchen erkennen. Auch wenn er isoliert von anderen Hunden in menschlicher Obhut aufgezogen wurde.

Für ein möglichst harmonisches Zusammenleben mit dem Hund ist es wichtig, möglichst viel über ihn zu wissen. Vor allem ist es wichtig, den Hund auch als solchen zu sehen. Jeder liebt seinen Hund, das ist selbstverständlich und soll auch so sein. Doch auf der anderen Seite muss man den Hund auch sachlich betrachten. Im Zusammenleben mit dem Menschen spielt der Hund heute viele Rollen. Dass er für manche Menschen der einzige Ansprechpartner ist, mag für diese Menschen zwar sehr positiv sein, sollte aber zu denken geben. Häufig muss der Hund den Partner oder ein Kind ersetzen, schmückt als Statussymbol Garten und Auto, wird als Sportgerät benutzt oder als Spielzeug für die Kinder angeschafft. Dem Wesen des Hundes werden diese Rollen jedoch kaum gerecht. Oft sind Probleme die Folge, und viele Hunde landen so im Tierheim.

Das Leben mit dem Menschen und die Domestikation haben das Verhalten der Hunde verändert. Dennoch tragen sie viel Wolfserbe in sich. Ein Beispiel ist der Alaskan Malamute.

Das Zusammenleben mit dem Hund funktioniert nur dann, wenn er auch Hund sein darf. Das heißt, er wird nicht vermenschlicht und man hält ihn unter Berücksichtigung seiner sowohl art- als auch rassespezifischen Eigenschaften. Das setzt neben der notwendigen Zuneigung sehr viel Wissen, Verantwortungsbewusstsein, Interesse, Zeit und Geduld voraus.

Im Folgenden werden einige Verhaltensbereiche beschrieben, mit denen man im täglichen Umgang mit dem Vierbeiner immer wieder konfrontiert wird und die für ein Verständnis des Hundes wichtig sind.

Das Ausdrucksverhalten

Der Hund ist im Leben mit uns Zweibeinern wirklich äußerst anpassungsfähig, nur – reden kann er noch nicht. Um Verhalten und Sprache des Hundes zu verstehen, muss man sich deshalb sozusagen »verhundlichen«. Der Hund verständigt sich sowohl mit uns Menschen als auch mit seinen Artgenossen durch Mimik und Körpersprache (optische Kommunikation), Berührungen (taktile Kommunikation) und Laute (akustische Kommunikation). Bedeutsam ist auch die Verständigung durch Gerüche (olfaktorische Kommunikation). Dieser Bereich bleibt uns Menschen mangels gut ausgeprägtem Riechvermögen leider weitgehend verschlossen.

Optische Kommunikation

Für den Hund ist der Mensch ein echter Sozialpartner, also eine Art Artgenosse. Deshalb fühlt er sich auch als vollwertiges Rudelmitglied seiner Menschenfamilie.

Mit ihrer Körpersprache und Mimik drücken Hunde ihre momentanen Empfindungen aus. Im Vergleich zum Wolf ist diese Art der Kommunikation jedoch sehr vergröbert. Die meisten Elemente aus dem wölfischen Ausdrucksverhalten finden sich noch beim Alaskan Malamute und beim Siberian Husky. Auch das Aussehen dieser Rassen erinnert noch an den Wolf.

Viele Hunde können sich wegen ihres Aussehens nicht mehr so gut verständlich machen:

- Das Gesicht ist häufig von langen Haaren verdeckt.
- Hängeohren können bei weitem nicht das vermitteln, was mit Stehohren ausgedrückt werden kann.
- Langhaariges Fell lässt sich nicht sträuben.
- Kupierte Ruten können nahezu nichts mehr übermitteln.
- Manche Rassen, wie etwa viele Windhunde, wirken durch ihre zuchtbedingt eingeklemmte Rute immer unterwürfig, die aufrecht getragene Rute anderer Rassen, wie des Beagles, signalisiert Selbstbewusstsein. Da aber weder alle Windhunde unterwürfig noch alle Beagle dominant sind, kann es zu Missverständnissen unter den Hunden kommen.

Die Bedeutung der einzelnen Signale und ihre Verwendung muss der Hund im Umgang mit Artgenossen verschiedener Rassen von klein auf erlernen. Deshalb sind gute Welpenspieltage so wichtig.

Eine Botschaft des Hundes besteht meist aus verschiedenen Signalen. Ein einzelnes Signal kann je nach Kombination völlig unterschiedliche Bedeutungen haben. So ist Schwanzwedeln z. B. nicht automatisch ein Ausdruck für Freundlichkeit, sondern muss im Zusammenhang mit dem Gesamtausdruck gesehen werden. Im Folgenden werden die wichtigsten Bereiche des

Junge Hunde brauchen viel Körperkontakt. Das »Kontaktliegen« gibt ihnen Wärme und das Gefühl von Sicherheit und Geborgenheit. Vertrauen und Bindung zwischen den Partnern werden so gefördert.

optischen Ausdrucksverhaltens kurz charakterisiert. Nicht immer sind diese klar voneinander abgegrenzt, sondern kommen auch in Mischformen vor.

Imponierverhalten: Um größer und beeindruckender zu wirken, bewegt sich der Hund sehr steifbeinig, Hals und Ohren werden aufgerichtet. Das Fell im Rücken- und Nackenbereich wird gesträubt, der Schwanz hoch getragen. Der Blick ist vom Gegner abgewandt.

Angriffsdrohen: Kann sich aus dem Imponieren entwickeln. Die vorderen Zähne sind gebleckt, der Gegner wird direkt fixiert.

Abwehrdrohen: Damit kann der Unterlegene auf das Imponieren eines Stärkeren reagieren. Die Zähne werden bis in den Backenzahnbereich gebleckt, die Ohren eng an den Kopf angelegt, der Schwanz wird häufig eingekniffen. Die Körperhaltung ist meist geduckt, um kleiner zu wirken. Aus beiden Drohformen heraus kann es zu einer Beißerei kommen. Manche Hunde beißen auch ohne Vorankündigung zu, was besonders bei Angstbeißern äußerst gefährlich werden kann.

Passive Unterwerfung: Nach einem Kampf oder aus dem Abwehrdrohen heraus kann sich der Schwächere dem Stärkeren unterwerfen, um ihn zu beschwichtigen. Bei geduckter Körperhaltung ist der Blick vom Gegner abgewandt, die Ohren sind nach hinten gedreht. Die Lippen werden wie zu einem Grinsen waagerecht nach hinten gezogen. Der Schwanz wird eingezogen.

Aktive Unterwerfung: Sie ist ein Zeichen der freundlichen Kontaktaufnahme und der Begrüßung und hat verschiedene Ausdrucksformen:

- Der Partner wird mit der Schnauze angestupst oder geleckt.
- »Pföteln«, besonders dem Menschen gegenüber: Die Bewegungen des Hundes wirken spielerisch und er wedelt mit dem Schwanz. Der Gesichtsausdruck ähnelt dem der passiven Unterwerfung, der Blick ist aber auf den Partner gerichtet.

- Der Hund springt am Menschen hoch, um dessen Gesicht zu lecken.
  Viele Welpen und Junghunde, aber auch noch manche erwachsene Hunde verlieren in solchen Situationen etwas Urin. Dies hat nichts mit mangelnder Stubenreinheit zu tun und darf nicht bestraft werden.
- Manche Hunde zeigen bei der Begrüßung nur dem Menschen gegenüber ein »Lachen«. Dabei werden bei einem freundlichen, unterwürfigen Gesamtausdruck die vorderen Zähne kurz gebleckt.

Aggression: Ganz allgemein bedeutet Aggressivität die Bereitschaft zur kämpferischen Auseinandersetzung sowohl mit Artgenossen als auch mit anderen Tieren oder Menschen.

- Sie dient z. B. der Verteidigung eines Reviers, einer Beute oder von Rudelmitgliedern.
- Sie kann sich gegen gleichgeschlechtliche Rivalen, etwa beim Streit um eine läufige Hündin, richten.
- Fühlt sich ein Hund in die Enge getrieben, hat er Angst oder will er innerhalb eines Rudels im Rang aufsteigen, wird er aggressiv.

In einer Gruppe zeigen Hunde oft eine höhere Aggressivität untereinander sowie gegenüber rudelfremden Hunden und fliehender »Beute«. Wie stark der Reiz sein muss, der letztlich Aggression auslöst, hängt von verschiedenen Faktoren ab. Bei manchen Rassen werden Eigenschaften wie Mut, Kampftrieb, eine niedrige Reizschwelle und Ähnliches gezielt gefördert. Bei anderen Rassen wiederum legt man mehr Wert auf Umgänglichkeit, freundliches Wesen und eine hohe Reizschwelle. Neben den genetischen Einflüssen spielen aber auch Umweltfaktoren eine große Rolle. So können schlechte Erfahrungen, eine falsche Haltung und Erziehung, mangelnde Sozialisierung usw. eine erhöhte Aggressivität zur Folge haben.

Die Aggressivität mancher Hunde ist ein Problem und immer wieder Thema großer Diskussionen. Hier sind alle, Zuchtverbände, Züchter und Halter, gefordert, verantwortungsvoll mit dem Hund umzugehen.

Die Verständigung durch Laute

Bellen: Diese Lautäußerung hört man in verschiedenen Situationen, etwa um auf etwas aufmerksam zu machen, als Spielaufforderung oder zur Begrüßung. Je nach Situation klingt das Bellen unterschiedlich.

Knurren: Dies ist eine unmissverständliche Warnung. Geknurrt wird z. B. bei der Verteidigung einer »Beute«, wenn der Hund etwas Verdächtiges gehört oder gesehen hat oder bei der Bedrohung eines anderen Individuums.

Jaulen und Winseln: Diese Lautäußerungen sind dagegen ein Ausdruck, dass dem Hund irgendwie nicht ganz wohl ist. Frust, Langeweile und Einsamkeit können den Hund z. B. veranlassen, zu winseln oder zu jaulen. Auch Schmerzen

Die freundliche Kontaktaufnahme des jungen Hundes (oben) sowie das Markieren des Rüden (unten) sind zwei Beispiele für typisches Hundeverhalten.

und große Angst drückt der Hund dadurch aus. Nicht alle Hunde sind gleich »gesprächig«. Hier spielt sowohl die individuelle Veranlagung als auch die Rasse, oft aber auch eine bewusste oder unbewusste Förderung durch den Halter eine Rolle.

Die Welt der Gerüche

Sie spielt im Leben unserer Hunde eine sehr bedeutende Rolle, die wir nur erahnen können. Wenn der Vierbeiner während des Spaziergangs überall herumschnüffelt, liest er gewissermaßen Zeitung. Aus den zahlreichen Duftmarken seiner Artgenossen kann er ablesen, ob hier ein guter Kumpel oder der Erzfeind aus der nächsten Straße vorbeigekommen ist. Vielleicht kam auch eine paarungsbereite Hündin oder etwas Jagdbares des Weges.
Hunde platzieren ihre Duftmarken gern an exponierten Stellen. Baumstämme, Wandvorsprünge oder auch Maulwurfshügel sind bevorzugte Objekte. Wer besonders selbstbewusst und dominant ist, verteilt seine Witterung nach dem Markieren oft durch ausgeprägtes Scharren, manchmal sogar begleitet von Knurren.
Auch der Mensch vermittelt dem Hund über seinen Geruch Informationen, z. B. ob er Angst hat.

Taktile Kommunikation

Berührungen dienen überwiegend der freundlichen Verständigung und sind wichtig für eine feste Bindung zwischen den Mitgliedern eines Rudels. Elemente dieser Verständigungsform sind beispielsweise das Aneinanderkuscheln, Fellknabbern, Schnauzenlecken und Anstupsen.
Auch wir Menschen können uns auf diese Weise mit dem Hund verständigen, um die Bindung zu stabilisieren. Dazu gehören ruhiges, entspanntes Streicheln und Kraulen sowie die Fellpflege. Ein zart ausgeführter Griff mit der Hand um die Schnauze signalisiert dem Hund ebenso vertrauensvolles Zusammengehören.
Bei unfreundlichen Auseinandersetzungen haben Berührungen ebenfalls eine Bedeutung. Hier wird der Gegner angerempelt oder weggedrängt. Ebenso zählt das Kopfauflegen auf den Rücken des Unterlegenen als Imponiergeste zu dieser Form der Kommunikation.

Der Hund – ein Jäger

Erfolgreiches Jagen sichert das Überleben des Wolfsrudels. Die Jagd ist daher ein wesentlicher Grund für den Zusammenschluss zu einem sozialen Verband. Denn große Beutetiere können nur gemeinsam erlegt werden. Die jagdlichen Fähigkeiten sind zum Teil angeboren, manches wird aber erst durch Beobachten und Ausprobieren von klein auf erlernt und verfeinert.
Eine Jagd läuft in immer den gleichen Sequenzen ab, die Strategie und Zusammenarbeit der Rudelmitglieder wird aber auf die jeweilige Situation abgestimmt. Zuerst wird das Wild aufgespürt. Ist die Beute entdeckt, pirschen sich die vierbeinigen Jäger heran, hetzen, packen und töten das Beutetier. Anschließend versucht jeder, ein möglichst großes Stück zu ergattern, und trägt es weg, um es ungestört zu fressen.
Eine gehörige Portion Jagdinstinkt steckt auch heute noch in unseren Hunden. Sie jagen gern

Das Apportieren ist ein Verhalten, das der Mensch durch eine spezielle Zuchtauslese für seine Zwecke geformt hat.

allen möglichen »flüchtenden« Objekten hinterher. Egal, ob das nun ein Ball, ein Jogger oder ein Vogel ist. Dabei bereitet dem Hund das Nachjagen allein schon Lust – und er wird es deshalb auch ohne Jagderfolg immer wieder gerne tun, wenn man ihn lässt. Wenn er allerdings eines Tages dabei auch noch etwas erbeutet, wird er richtig »süchtig«.

Aber nicht bei allen Hunden ist der Jagdinstinkt gleich stark ausgeprägt. Der Mensch hat sich das wölfische Erbe zu Nutze gemacht und nach seinen Bedürfnissen verschiedene Elemente gezielt durch Zucht und Ausbildung geformt, andere dagegen unterdrückt. Dadurch entstanden verschiedene Jagdhunderassen.

Vorstehhunde z. B. zeigen durch ihre starre Haltung, das Vorstehen, dem Jäger nahes Wild an. Retriever apportieren die geschossene »Beute«. Der Schweißhund hilft dem Jäger verletztes Wild zu finden. Ein Wolf würde dagegen nie seine Beute freiwillig abgeben oder teilen. Selbst das Hüten basiert auf dem Jagdinstinkt. Das Anpirschen und Treiben der Herde entsprechen dem Anfang einer Jagd.

Um das Wild nicht zu beschädigen, ist das Töten im Zeitalter der Präzisionswaffen Sache des Jägers. Das schnelle, effektive Packen und Töten der Beute wurde unterdrückt, so dass sich viele Hunde dabei recht ungeschickt anstellen. Das kann zu großem Leid für das Wild führen, wenn es einem wildernden Hund gelingt, eine Beute zu fassen.

Aber nicht nur andere Tiere sind Beute für den Hund. Auch wenn Menschen durch Hunde zu Schaden kommen, spielt häufig der Jagdinstinkt eine Rolle. Bei der Erziehung ist es unerlässlich, die jagdlichen Neigungen des Vierbeiners unter Kontrolle zu halten. So gehört auch das Graben nach Mäusen oder das Verfolgen von Vögeln oder Katzen zum Jagdverhalten und sollte deshalb nicht erlaubt werden. Beim Welpen sieht es noch ganz nett aus, wenn er ein paar Krähen hinterherhoppelt, aber diese frühkindliche positive Erfahrung wird er in seinem Gehirn speichern und später in ähnlichen Situationen zu nutzen wissen.

Ein jagdbegeisterter Hund fordert die ganze Aufmerksamkeit seines Besitzers. Wenn er die Nase in den Wind hält, starr stehen bleibt oder beginnt, mit der Nase am Boden eine Fährte aufzunehmen, sind das meist Anzeichen dafür, dass er etwas Jagdbares wahrgenommen hat. Nur in diesem Moment ist es noch möglich, den Hund heranzurufen oder abzulenken. Ist der Hund erst einmal in vollem Lauf, ist es zu spät. Hunde ohne entsprechenden Gehorsam sollten in wildreichen Gegenden stets an der Leine geführt werden.

Verharrt der Hund gespannt in dieser Haltung (oben) oder nimmt er eine Fährte auf (Mitte), heißt es schnell reagieren. Denn nur in den ersten Sequenzen des Jagens gelingt es noch, den Hund abzulenken. Auch das Buddeln nach Tieren (unten) regt den Jagdinstinkt an und sollte vermieden werden.

Fortpflanzungsverhalten

Im Vergleich zum Wolf zeigen Hunde ein eher übersteigertes Sexualverhalten. Instinkte, die Inzestpaarungen verhindern, sind beim Hund verschwunden.

Fortpflanzungsverhalten bei Rüden: Weht ihnen der Geruch einer läufigen Hundedame um die Nase, sind die meisten Rüden nicht mehr zu bremsen. Sie sind das ganze Jahr über paarungsbereit und manchmal mit so vielen Hormonen »versorgt«, dass sie jede Hündin, egal ob läufig oder nicht, bespringen und in jedem anderen Rüden einen Konkurrenten sehen, der bekämpft werden muss.

Fortpflanzungsverhalten bei Hündinnen: Sie werden normalerweise etwa alle sechs Monate läufig. Die Bezeichnung »läufig« ist darauf zurückzuführen, dass die Hündin in dieser Zeit auch von sich aus Rüden sucht. Manche Hündinnen bringt dieser hormonelle »Ausnahmezustand« – besonders beim ersten Mal – aus dem seelischen Gleichgewicht. Sie sind in dieser Zeit sehr unausgeglichen, besonders anhänglich oder sehr sensibel.

Die Läufigkeit

Sie dauert etwa drei Wochen und beginnt mit einem blutigen Ausfluss. Schon einige Zeit vorher interessieren sich Rüden für die Hundedame, denn sie signalisiert ihnen durch ihren Geruch die bald einsetzende Paarungsbereitschaft. Damit dies auch wirklich jeder merkt, verteilt die Hündin auf ihren Spaziergängen mit kleinen Urinmengen entsprechende Markierungen. Sie lässt aber noch keinen der oft lästigen Verehrer an sich heran.

»Gefährlich« wird es um den zehnten Tag herum. Nun wird die Hündin den Rüden nicht mehr abbeißen, sondern seine Annäherungsversuche dulden und sich mit ihm paaren. Nach dem Deckakt kommt es durch ein Anschwellen der Geschlechtsorgane zum so genannten Hängen. Die Hunde können sich nicht mehr trennen und bleiben manchmal bis zu einer Stunde Hinterteil an Hinterteil stehen. Während dieser Zeit dürfen sie keinesfalls getrennt werden, das würde zu schweren Verletzungen führen.

Die Tragzeit

War der Deckakt erfolgreich, kommen nach einer Tragzeit von etwa 63 Tagen vier bis acht Welpen zur Welt. Es gibt aber auch kleinere und wesentlich größere Würfe. Als Nesthocker sind die Welpen bei der Geburt völlig hilflos und in den ersten acht Wochen vollkommen auf die Fürsorge ihrer Mutter angewiesen.

Wurde eine Hündin ungewollt gedeckt und ist Nachwuchs unerwünscht, sollte man sofort nach dem Deckakt zum Tierarzt gehen. Er kann die Trächtigkeit medikamentös unterbrechen.

Eingriffe des Menschen in die Fortpflanzung

Beim Hund bestimmt der Mensch, wer sich mit wem paaren darf.

Eine Hündin wird meist zwei Mal pro Jahr läufig. Wird sie gedeckt, bringt sie nach etwa 63 Tagen ihre Welpen zur Welt.

HUND UND VERHALTEN

Das Verhalten des Hundes
Der Hund ist ein äußerst anpassungsfähiges, flexibles Tier mit sehr komplexen Verhaltensweisen. Sicher, es gibt ein bestimmtes Grundgerüst, das jedem Hund zu eigen ist. Jeder Hund ist ein soziales Lebewesen, hat einen gewissen Jagdinstinkt, spielt mehr oder weniger gern und pflanzt sich auf die gleiche Art und Weise fort.
Aber wie beim Menschen gibt es auch beim Hund verschiedene Persönlichkeiten, auf die man individuell eingehen muss. Auch von Rasse zu Rasse unterscheiden sich Hunde oft erheblich in ihren Eigenschaften und Bedürfnissen.
Dieser Tatsache muss bei der Anschaffung Rechnung getragen werden.

Dies hat leider oft negative Folgen:

- Nicht immer kommen nur die gesündesten Hunde mit den besten Eigenschaften für ein Überleben zur Fortpflanzung.
- Der menschliche Geschmack entscheidet – und das ist nicht immer ein Vorteil für den Hund.
- Rüde und Hündin haben meist keine Zeit, sich vor dem Deckakt richtig kennen zu lernen. Lehnt eine Hündin einen Rüden ab, hilft der Mensch oft nach, damit es doch zum Deckakt kommt.
- Es gibt Hunde, die ohne menschliche Hilfe gar nicht mehr gebären können.
- Welpen, die in der Natur keine Überlebenschance hätten, werden mühsam aufgepäppelt und geben unter Umständen später lebenseinschränkende Eigenschaften an ihre Nachkommen weiter.

So wird der Hund immer abhängiger vom Menschen und der Tiermedizin. Ein wenig mehr Natürlichkeit täte unseren Hunden hier sicher gut. Auch bei der Aufzucht. Diese sollte so natürlich wie möglich ablaufen, denn bereits in frühestem Alter laufen beim Welpen wichtige Entwicklungsvorgänge ab, die leicht ungünstig beeinflusst werden können. Einen Wurf Welpen aufwachsen zu sehen, ist zweifellos ein besonderes Erlebnis. Man sollte sich aber nur nach reiflicher Überlegung dafür entscheiden. Hündin und Rüde sollten vollkommen gesund sein und einen einwandfreien Charakter haben. Und am besten schaut man sich bereits vorher nach ernsthaften Interessenten für die Welpen um.

Kastration

Wer keinen Nachwuchs haben will, sollte seine Hündin kastrieren lassen. Eine Unterdrückung der Läufigkeit durch Medikamente kann auf Dauer zu ernsten gesundheitlichen Problemen führen. Dass eine Hündin einmal Junge bekommen haben muss, um gesund zu bleiben, ist eine veraltete Meinung. Auch bei den Wölfen wirft nicht jedes weibliche Tier, sondern normalerweise nur die Alpha-Wölfin.
Eine Kastration ist laut Tierschutzgesetz bei der Hündin und beim Rüden nur dann zulässig, wenn ein medizinischer Grund vorliegt. Etwa wenn eine Hündin nach jeder Läufigkeit ausgeprägt scheinträchtig ist oder ein Rüde mit zu vielen Sexualhormonen ausgestattet ist. Dann ist er übermäßig hinter Hündinnen her und sieht in jedem Rüden einen Nebenbuhler, der bekämpft werden muss. Eine Kastration erspart so sowohl dem Tier als auch dem Menschen unter Umständen jahrelangen Stress.
Blindenhunde, Rüden wie Hündinnen, sind z. B. immer kastriert und trotzdem leistungsfähig.

Das Spielen

Wenn Tiere spielen, ist dies ein Zeichen dafür, dass sie relativ hoch entwickelt sind. Von den höher entwickelten spielen wiederum die Tiere am vielfältigsten, die in einem sozialen Verband leben. So auch unsere Hunde. Spielen gehört zu ihren Lieblingsbeschäftigungen. Der Hund will mit dem Spiel aber kein bestimmtes Ziel erreichen, er spielt einfach aus Spaß an der Sache. Spielen ist also eine selbstbelohnende Beschäftigung. Besonders Welpen haben großen Spaß daran, aber auch erwachsene Hunde spielen oft bis ins Alter.

Als Partner sind Artgenossen dabei ebenso beliebt und wichtig wie der Mensch. Im Spiel üben junge Hunde die verschiedensten Verhaltensweisen ein, die sie im späteren Leben für das Zusammenleben und die Verständigung mit Hunden und Menschen brauchen. Sie zeigen Elemente aus allen Verhaltensbereichen, wie dem Jagdverhalten, den einzelnen Kommunikationsarten und dem Fortpflanzungsverhalten. Dabei mischen sie Elemente aus den verschiedenen Bereichen.

Ein Teil der Verhaltensweisen ist bereits angeboren, vieles kann der junge Hund aber nur im Spiel erlernen. Etwa die Beißhemmung gegenüber Artgenossen und dem Mensch oder die Bedeutung der Körpersprache.

Die Spielaufforderung

Spielverhalten ist auch ein Teil des Ausdrucksverhaltens. Will der Hund spielen, vermittelt er diese Botschaft seinem Spielpartner durch bestimmte Signale. Eine charakteristische Spielaufforderung ist z. B. die Vorderkörpertiefstellung. Das Hinterteil wird in die Höhe gestreckt, der Vorderkörper befindet sich fast am Boden. Manche Hunde unterstreichen diese Spielaufforderung noch durch ein Spielbellen. Auch durch das Hochschleudern des Kopfes, das Herumhopsen oder Rennen im Kreis zeigt ein Hund, dass er spielen möchte.

Das Spiel der Welpen

Besonders schön ist das Spielen bei Welpen zu beobachten. Sie lieben Verfolgungs- und Rennspiele. Gegenseitiges Belauern mit spielerischen Überfällen macht ihnen großen Spaß. Hunde spielen auch gerne mit Objekten. Manchmal alleine, aber noch lieber mit anderen. So tragen Welpen gerne einen Ball, einen Knuddel oder Ähnliches demonstrativ an einem anderen Welpen vorbei, um dessen Interesse an der »Beute« zu wecken und ihn zu einem Verfolgungsspiel zu animieren. Aus einer solchen Situation kann sich dann ein Ziehspiel entwickeln, bei dem an jedem Ende eines Knuddels ein Welpe zerrt.

Im Spiel junger Hunde fehlt der »Ernstbezug«, das heißt, »ernste« Signale werden mit Spielverhalten vermischt, und es folgt nicht die Handlung, die normalerweise zu einem solchen Signal gehört. Einem spielerischen Drohen z. B. folgt kein echter Kampf oder echte Unterwerfung, sondern ein Verfolgungsspiel oder etwas Ähnliches. Bei erwachsenen Hunden kann es dagegen aus einem Spiel heraus zu ernsten Auseinandersetzungen kommen oder aber eine ernste Situation durch spielerisches Verhalten entschärft werden.

Spielen ist notwendig

- Durch das Spiel kann sich das Verhalten des Hundes optimal entwickeln, und er wird sicher und zuverlässig im Umgang mit Menschen und Artgenossen.
- Es wirkt sich auch auf die körperliche Entwicklung aus. In vielen verschiedenen Bewegungsspielen trainiert der Welpe Muskulatur, Herz, Kreislauf und Skelett. Beweglichkeit und Geschicklichkeit nehmen zu, und das Hundekind wird zusehends sicherer und mobiler auf den Beinen. Im Wolfsrudel werden die Jungen dadurch fit für lange, anstrengende Jagdzüge. Für den Hund ist die Beweglichkeit wichtig bei gemeinsamen Unternehmungen mit seinem Menschen, etwa beim Joggen, als Begleiter am Fahrrad oder im Hundesport.
- Aber auch der psychische Aspekt des Spielens hat eine große Bedeutung. So fördert das gemeinsame Spielen die Bindung zwischen den Spielpartnern. Das ist besonders wichtig für die Mensch-Hund-Beziehung. Ein Welpe, der seinen Spieltrieb ausleben kann, wird sich auch wesentlich ausgeglichener fühlen als einer, der zu wenig spielt.

In guten Welpenspielgruppen werden die Hundekinder mit unbekannten Situationen konfrontiert, wie optischen und akustischen Reizen oder solchen, die ihre Geschicklichkeit fördern. In der Geborgenheit der Gruppe können sie solche Situationen spielerisch bewältigen. Das Spiel unterstützt auf diese Weise auch die positive Entwicklung der Selbstsicherheit.

Spielen ist für viele Bereiche der körperlichen und psychischen Entwicklung wichtig. Bei Welpenspieltagen lernen die Welpen im Umgang mit Gleichaltrigen, sich zu verständigen (Bild links außen und links Mitte) und unbekannte Situationen in der Geborgenheit der Gruppe zu meistern (rechts Mitte und rechts). Umweltsicherheit, Beweglichkeit und Sozialverhalten werden so gefördert.

PRAXIS

Körpersprache deuten

Das »Pföteln« zeigen Hunde sowohl dem Menschen wie auch Artgenossen gegenüber. Es ist eine Geste der freundlichen Kontaktaufnahme.

Wenn Sie Ihren Vierbeiner im Umgang mit anderen Hunden und mit Menschen genau beobachten, lernen Sie die Körpersprache am besten kennen. Da die einzelnen Signale oft schnell wechseln und es nicht nur eindeutige Botschaften gibt (siehe Ausdrucksverhalten, Seite 14 f.), muss man schon genau hinschauen, um Übung in der richtigen Deutung zu bekommen und entsprechend zu reagieren.
Im Folgenden finden Sie ein paar Beispiele für Verhaltensweisen des Hundes und wie Sie darauf reagieren können oder sollten.

Das Pföteln

Dieses Verhalten (Foto Seite 24 oben) ist eine Art der freundlichen Kontaktaufnahme. Hunde zeigen es,

- wenn sie beschwichtigen wollen,
- wenn sie auf sich aufmerksam machen möchten,
- um den Menschen zu etwas aufzufordern,
- um etwas von ihm zu fordern.

Dient es der Beschwichtigung, reagieren Sie freundlich darauf. Will der Hund damit etwas fordern, sollten Sie möglichst nicht oft darauf eingehen, sondern ihn auch ignorieren.

Zähne fletschen

Ein Hund, der die Zähne fletscht (Foto Seite 24 unten), wirkt zweifellos Furcht einflößend.

- Stehen Sie einem zähnefletschenden Hund gegenüber, sollten Sie ihn keinesfalls fixieren, sondern den Blick abwenden und sich ruhig entfernen.
- Zeigt Ihr Hund einem Artgenossen die Zähne in Verbindung mit Signalen offensiven Drohverhaltens (siehe Seite 16) und sind die Hunde an der Leine, sollten Sie ihn rasch ablenken und zügig weitergehen.
- Fletscht der Hund die Zähne bei einem unterwürfigen Gesamtausdruck (siehe Seite 16), kann nicht viel passieren, wenn der andere Hund ein intaktes Sozialverhalten zeigt. Beachten Sie aber das Kapitel »Hundebegegnungen« (Seite 40).
- Manche Hunde zeigen bei der freudigen Begrüßung eines Menschen kurz die oberen Zähne. Dies ist dann eindeutig freundlich gemeint, und Sie können dem Hund ebenso freundlich begegnen.

Je nach Art des Zähnefletschens und der Körpersprache hat dies verschiedene Bedeutungen.

Entspanntes Liegen oder Wälzen

Entspannt auf dem Rücken liegen und/oder sich wälzen (Foto Seite 25 links oben) ist ein Zeichen für Wohl-

Diese genüssliche Rückenlage nennt man Komfortverhalten.

Beschnüffeln dient dem Kennenlernen. Der Überlegene legt den Kopf auf den Rücken des anderen.

behagen und zählt zum so genannten Komfortverhalten. Viele Hunde signalisieren damit, dass sie gern am Bauch gekrault werden möchten. Reagieren Sie freundlich und entspannt. Zumindest dann, wenn der Hund dieses Komfortverhalten nicht gerade auf einer verwesten Ratte oder einer anderen dubiosen Hinterlassenschaft zeigt.

Hundebegegnung

Begegnungen nicht angeleinter Hunde laufen unterschiedlich ab. Im Foto Seite 25 links unten sehen Sie zwei Hunde, die sich gerade kennen lernen. Der dunklere versucht, durch die Geruchskontrolle im Genitalbereich möglichst viel zu erfahren. Er ist aber unsicher: Der Schwanz ist eingeklemmt, die Haltung leicht geduckt. Der helle Hund signalisiert Überlegenheit durch das Auflegen des Kopfes auf den Rücken des anderen und durch eine eher gespannte Haltung und durch gesträubtes Fell. Ganz wohl ist ihm allerdings nicht, was die leicht nach hinten gerichteten Ohren zeigen.

Wie die Begegnung ausgeht, ist offen, aber eine Auseinandersetzung ist im Moment nicht zu befürchten. Sie können ruhig abwarten. Die Hunde sollten aber nicht beengt sein und sich nicht unmittelbar bei ihren Haltern befinden.

Spielaufforderungsgeste

Zum Spiel fordern die Hunde typischerweise mit der Vorderkörpertiefstellung auf (Foto Seite 25 rechts unten). Haben Sie Lust und Zeit, gehen Sie darauf ein. Ansonsten ignorieren Sie den Hund. Auch Artgenossen werden so zum Spielen animiert.

Die »Vorderkörpertiefstellung« ist eine typische Geste der Spielaufforderung – sowohl bei jungen als auch bei erwachsenen Hunden.

Rassen und Auswahl

Welche Rassen es gibt

Heute existieren an die 400 anerkannte Hunderassen, die zum Großteil erst in den letzten paar hundert Jahren entstanden sind. Die Hochburg der modernen Hundezucht war Großbritannien. Dort fand 1859 auch die erste Hundeausstellung der Welt statt. Wurden Hunde bis Anfang des 19. Jahrhunderts überwiegend als Nutztiere für bestimmte Zwecke gehalten, rückte nun mehr und mehr das Aussehen in den Vordergrund. Standards wurden festgelegt, die die einzelnen Rassen in ihrem Erscheinungsbild nach und nach vereinheitlichten. Durch die Reinzucht auf bestimmte äußere und Wesensmerkmale weiß man beim Kauf eines Rassehundes ziemlich genau, welche Eigenschaften der Vierbeiner mitbringen wird.

Heute sind die meisten Hunde in erster Linie Freizeitpartner und Begleiter des Menschen. Die fehlende natürliche Auslese, fragwürdige Zuchtmethoden und -ziele haben aber auch viele Probleme in der Hundezucht gebracht. Es gibt fast keine Rasse ohne Erbkrankheiten und sonstige Wehwehchen. Steht das Aussehen zu sehr im Vordergrund, bleibt nicht selten das Wesen auf der Strecke. Bei Riesen- und Zwergwuchs, unnatürlichem Körperbau und höchst seltsamen Kopfformen sind organische Probleme oft schon vorprogrammiert. Glücklicherweise versuchen viele Zuchtverbände durch umfangreiche Zuchtbestimmungen die Probleme an der Wurzel zu bekämpfen.

Die Zucht von Rassehunden hat nicht nur Nachteile. Bei so vielen Rassen findet jeder, der einen Hund möchte, den passenden Vierbeiner.

Im Lauf der Zeit sind an die 400 verschiedene Hunderassen entstanden, viele davon erst in jüngerer Zeit. Die Dackel, hier zwei rauhaarige Vertreter, gehören zu den beliebtesten Rassen.

Die Rassengruppen

Der Dachverband der international anerkannten Zuchtverbände für Rassehunde, die FCI (Fédération Cynologique International) hat die Hunderassen in zehn Gruppen eingeteilt.

Gruppe 1: Hüte- und Treibhunde

In dieser Gruppe sind viele Rassen mit ausgeprägtem Wach- und Schutzinstinkt. Sie bringen in der Regel eine gute Unterordnungsbereitschaft mit, brauchen aber wegen ihres ausgeprägten Schutz- und Wachinstinkts und ihrer oft niedrigen Reizschwelle eine sorgfältige Erziehung und einen verantwortungsvollen Halter. »Echte« Hütehunde, wie z. B. der Border Collie, sind ge-

Verschiedene Hunderassen (von links nach rechts): Der Border Collie – ein exzellenter Hütehund voller Arbeitseifer. Misstrauisch gegen Fremde und nur etwas für Kenner – der Mastin Español. Pfiffig, gelehrig und selbstbewusst ist der West Highland White Terrier. Der Irish Setter ist ein eleganter Jagd- und Begleithund. Wahre Energiebündel sind die Jack Russell Terrier. Der elegante Afghane liebt das Rennen.

lehrig und sensibel. Ihr Arbeitseifer ist sehr ausgeprägt, weshalb diese Hunde unbedingt eine sinnvolle Beschäftigung brauchen.

Gruppe 2: Pinscher und Schnauzer – Molosser – Schweizer Sennenhunde

Diese Hunderassen zeigen fast alle Mut, Kampftrieb und Härte. Sie sind gute Wachhunde und haben wenig Jagdtrieb. Die Hirten- oder Herdenschutzhunde, wie Kuvasz oder Owtcharka, gehören hierher. Der Hirtenhund arbeitet selbstständig. Seine Aufgabe ist es, Wölfe und andere Feinde von der Herde fern zu halten und diese, wenn nötig, zu verteidigen. Hirtenhunde sind deshalb wenig unterordnungsbereit, misstrauisch und teils gefährlich im Umgang mit Fremden. Die Haltung solcher Hunde in Städten sollte sehr genau überlegt werden.
Auch die Doggenartigen, wie etwa der Mastino Napoletano oder der Bullmastiff, gehören in diese Gruppe. Sie sind große, äußerst kraftvolle und ruhige Hunde. Ihre Reizschwelle ist hoch, im Ernstfall kämpfen sie aber kompromisslos. Diese Rassen gehören nur in verantwortungsvolle Hände mit viel Hundeverstand und dürfen keinesfalls »scharf gemacht« werden.

Gruppe 3: Terrier

Die meisten Terrier sind ausdauernde, quirlige Energiebündel. Ihr Selbstbewusstsein ist recht gut ausgeprägt, sie sind wachsam und oft etwas stur. Auseinandersetzungen mit Artgenossen gehen sie oft nicht aus dem Weg. Mit Konsequenz und Sachverstand sind die meisten zu guten Familienhunden zu erziehen.

Gruppe 4: Dachshunde

Ihre Aufgabe ist die Baujagd, aber auch die Nachsuche auf angeschossenes Wild und die Stöberarbeit. Der Dackel ist ein angenehmer, anhänglicher Hausgenosse, der trotz seiner Eigenwilligkeit und seines Jagdinstinkts mit entsprechender Konsequenz gut zu erziehen ist.

Gruppe 5: Spitze und Hunde vom Urtyp

Dazu gehören unter anderem die Nordischen Hunde, außerdem Rassen wie der Basenji. Sie sind sehr ursprüngliche Hunde, an denen züchterisch noch nicht so viel verändert wurde. Leistung spielt noch eine große Rolle, und fast alle haben einen sehr ausgeprägten Jagdtrieb. Als problemlose, beschäftigungslose Familienhunde eignen sich die meisten dieser Rassen nicht.

Gruppe 6 bis 8: Jagdhunderassen

Die große Zahl der Jagdhunderassen wird nach ihren unterschiedlichen Aufgaben in drei Gruppen unterteilt: Gruppe 6 – Lauf- und Schweißhunde, Gruppe 7 – Vorstehhunde und Gruppe 8 – Apportier-, Stöber- und Wasserhunde.

Jagdhunde sind normalerweise recht menschenfreundlich und leicht zu erziehen. Als zuverlässige Wach- und Schutzhunde eignen sie sich nur selten. Jagdhunde werden auch heute noch zum großen Teil für den Einsatz bei der Jagd gezüchtet und zeigen meist eine starke Jagdleidenschaft. Das erschwert die Haltung als Familienhund ohne rassegerechte Beschäftigung. Bis auf wenige Ausnahmen, wie die Retriever- und manche Spanielrassen sowie der Dalmatiner, gehören Jagdhunde deshalb nur in Jägerhand.

Gruppe 9: Gesellschafts- und Begleithunde
Hunde dieser Rassen sind mit Ausnahme des Königspudels relativ klein und hatten nie eine spezielle Aufgabe. Sie dienten dem Menschen zum Verwöhnen und Verhätscheln. Ihre Eigenschaften sind vielfältig. Manche sind sehr anschmiegsam und ruhig, andere wieder eher zurückhaltend, manche sehr bellfreudig und temperamentvoll.

Gruppe 10: Windhunde
Windhunde sind schlanke, hochbeinige und sehr elegante Vierbeiner, die als Hetzjäger für die Jagd auf Hasen, Gazellen und Wölfe eingesetzt wurden. Im Gegensatz zu den anderen Jagdhunden jagen sie auf Sicht.
Dem Laufbedürfnis und dem Hetztrieb des Windhunds gerecht zu werden ist unter unseren heutigen Lebensbedingungen aber kaum möglich. Wer sich eine dieser edlen Schönheiten anschaffen möchte, sollte sich zumindest einem Windhundrennverein anschließen, um seinem Vierbeiner wenigstens zeitweise ein rassegerechtes Leben zu ermöglichen.

Mischlinge

Mischlinge sind in der Regel das Ergebnis zufälliger Paarungen. Nur wenn möglichst viel über Vater und Mutter bekannt ist, kann man Eigenschaften, Größe und Aussehen des Sprösslings in etwa voraussagen. Vom Aussehen allein lässt sich dagegen nicht immer darauf schließen, welche Rassen »mitgemischt« haben.
Dass Mischlinge intelligenter und gesünder sind als Rassehunde, lässt sich pauschal nicht sagen. Die Wesensmerkmale von Mischlingen sind äußerst vielfältig. Je nachdem, welche Rassen beteiligt waren, können sie alle Eigenschaften zeigen, die bei Rassehunden vorkommen. Dabei können günstige Kombinationen entstehen, es kann aber auch zu problematischeren Mischungen kommen.

Siberian Huskys sind echte Arbeitshunde, die sich am wohlsten unter ihresgleichen und vor dem Schlitten fühlen.

Passt ein Hund zu mir?

Über die Anschaffung eines Hundes sollte innerhalb der Familie eingehend beraten werden.

- Die Haltungsansprüche eines Hundes gehen weit über die tägliche Fütterung und Pflege hinaus.
- Als einziges aller Haustiere sieht der Hund die Familienmitglieder als Rudelgenossen und bezieht sich voll in deren Leben und Verhalten ein. Deshalb müssen alle Familienmitglieder einem Hund zustimmen.
- Die Welpen- und Junghundezeit, aber auch das spätere Leben mit dem Hund kann so manche Einschränkung erfordern. Ganztägige Ski- oder Badeausflüge usw. sind z. B. nur möglich, wenn sich in dieser Zeit jemand um den Hund kümmert.
- Berufstätigkeit erschwert die Haltung. Selbst ein Halbtagsjob wirft zumindest in der Welpen- und Junghundezeit Probleme auf, da ein junger Hund nicht einfach mehrere Stunden allein bleiben kann.
- Ein Hund beansprucht viel Zeit für Spaziergänge und Beschäftigung. Bleibt diese Zeit neben den vielen eigenen Terminen und den Aktivitäten der Kinder übrig?

Nur wenn diese Dinge vor der Anschaffung genau bedacht werden, sollte man sich für einen Hund entscheiden. Andernfalls kann er sehr schnell zur Belastung werden.

Der richtige Hund

Ist die Entscheidung für einen Hund gefallen, stellt sich die Frage, welcher es denn nun sein soll.

Die rassetypischen Eigenschaften des Hundes: Sie spielen eine wesentliche Rolle. So gibt es Hunderassen mit mehr und weniger ausgeprägtem Jagdtrieb oder Schutz- und Wachinstinkt. Manche sind unterordnungsbereiter als andere, es gibt Einmannhunde und solche, denen ihr Rudel über alles geht. Reserviertheit und Misstrauen gegenüber Fremden ist bei manchen Rassen erwünscht. Vertreter anderer Rassen wiederum begrüßen jeden, als gehöre er zur Familie. Folgende Punkte sollten bedacht werden:

- Ist man »Hundeanfänger« oder hat man umfassendes Wissen und Erfahrung?
- Wie ist das Wohnumfeld? Leben Kinder in der Familie? Kommt viel Besuch?
- Wie sehen die Freizeitaktivitäten der Familie aus? Soll der Hund Begleiter bei sportlichen Aktivitäten sein?
- Will man »nur« einen Familienhund, oder möchte man eine bestimmte Hundesportart betreiben?

Rassegerechte Beschäftigung: Sie ist für das Wohlergehen einiger Hunderassen unbedingt nötig.

Nicht ausschlaggebend für ein problemloses Zusammenleben ist die Optik.

Wägt man alle Faktoren sorgfältig ab, erspart allein schon die Wahl der geeigneten Rasse eine Menge Schwierigkeiten. Ein Herdenschutzhund in der Reihenhaussiedlung, ein Vollblutjagdhund in der Großstadt, Schlittenhunde oder ein Border Collie als Dekoration für den Garten oder das Auto führen über kurz oder lang zu Problemen.

Wer einen reinen Haus- und Familienhund möchte, sollte keinen Welpen aus einer Leistungszucht wählen. Vorsicht ist geboten bei so genannten »Modehunden«. Nicht selten werden solche Rassen wegen der großen Nachfrage und des damit verbundenen »schnellen Geldes« regelrecht kaputt gezüchtet.

Ob ein Hund das passende Heimtier ist, hängt von verschiedenen Faktoren ab und sollte sorgfältig überlegt werden.

TABELLE RASSEN UND IHRE EIGENSCHAFTEN/BEDÜRFNISSE

	Anfängerhund	Haltung erfordert spezielles Wissen	braucht gezielte rassespezifische Beschäftigung	geeignet für Agility, Breitensport usw.	Bewegungsbedürfnis	ausgeprägter Wach- und Schutzinstinkt	umgängliches, menschenfreundliches Wesen	Temperament
Airedale	✓			✓	✓		✓	mittel
Berner Sennenhund	✓				✓	✓	✓	ruhig
Border Collie		✓	✓	✓✓	✓✓		✓	lebhaft
Boxer	✓			✓	✓	✓	✓	lebhaft
Briard		✓		✓✓	✓✓	✓		lebhaft
Dalmatiner	✓			✓	✓✓		✓	lebhaft
Dt. Schäferhund		✓		✓	✓	✓✓		mittel
Dobermann		✓		✓	✓	✓✓		lebhaft
Golden Retriever	✓		✓	✓	✓		✓✓	mittel
Greyhound		✓	✓		✓✓			ruhig
Hovawart		✓		✓	✓	✓		mittel
Husky		✓✓	✓✓		✓✓		✓✓	lebhaft
Irish Setter	✓		✓	✓	✓✓		✓	lebhaft
Kauk. Owtcharka		✓✓			✓	✓✓		ruhig
Kuvasz		✓✓			✓	✓✓		ruhig
Labrador Retriever	✓		✓	✓	✓		✓✓	mittel
Malinois		✓✓		✓✓	✓	✓✓		mittel
Riesenschnauzer		✓		✓	✓	✓		mittel
Rottweiler		✓		✓	✓	✓✓		ruhig
Spaniels	✓		✓	✓	✓		✓	mittel
Teckel	✓				✓		✓	lebhaft
Westie	✓			✓	✓		✓	lebhaft

Informationen einholen

Um die richtige Rasse zu finden, werden am besten alle Eigenschaften, die das zukünftige Familienmitglied haben sollte, notiert. Anhand dieser Notizen kann man sich in guten Rassehundeführern und anderer Fachliteratur, die vor allem die Eigenschaften beschreiben, sowie durch den Besuch internationaler Hundeausstellungen des VDH umfassend informieren. Letztere finden das ganze Jahr über statt. Termine und Veranstaltungsorte erfährt man z. B. direkt beim VDH (siehe Adressen, Seite 155).

Rassehund oder Mischling?

Wer eine konkrete Vorstellung sowohl vom Wesen als auch Aussehen des Hundes hat, ist mit einem Rassehund gut beraten. Obwohl es auch innerhalb einer Rasse verschiedene Persönlichkeiten gibt, lassen sich viele Eigenschaften recht genau vorhersagen.
Wer sich für einen Mischling entscheidet, muss dagegen auf Überraschungen gefasst sein. Man sollte bereit sein, sich auf eventuell auftretende besondere Eigenschaften einzustellen und den Hund dann so zu akzeptieren, wie er ist.
Von Spontankäufen aus Billigzuchten ist abzuraten. Sowohl bei Mischlingen als auch bei Rassehunden. Für viele dieser unüberlegt angeschafften Hunde ist dann das Tierheim Endstation.

Rüde oder Hündin?

Bei dieser Entscheidung spielen mehrere Überlegungen eine Rolle. Rüden sind das ganze Jahr über paarungsbereit und immer auf der Suche nach Hündinnen. Die Hündin ist dagegen nur zwei Mal jährlich läufig und lässt sich in der übrigen Zeit nicht vom anderen Geschlecht ablenken. Rüden neigen eher mal zu handfesten Auseinandersetzungen mit ihresgleichen als Hündinnen. Geraten aber zwei Hündinnen ernsthaft aneinander, kann es im Gegensatz zu Rüden zu einem Kampf auf Leben und Tod kommen. Von Ausnahmen abgesehen, sind Hündinnen meist etwas leichter zu erziehen als Rüden. Bei vielen Rassen sind sie außerdem kleiner und haben weniger Kraft als Rüden.

Der Hundekauf

Wer sich einen Rassehund zulegen möchte, tut dies in der Regel wegen dessen Eigenschaften und Aussehen. Außerdem soll der Hund mög-

HUND UND ANSCHAFFUNG

Der verantwortungsvolle Züchter
Auf der Suche nach einem geeigneten Züchter sollten Sie auf folgende Merkmale achten:

- ✔ Er hält nur wenige Hunde, diese aber mit Familienanschluss. Also nicht im Zwinger.
- ✔ Er züchtet höchstens zwei Rassen und zieht nicht mehrere Würfe gleichzeitig auf.
- ✔ Er ist über Entwicklung und Verhalten des Hundes allgemein sowie über die von ihm gezüchtete Rasse optimal informiert.
- ✔ Seinen Welpen bietet er ideale Aufzuchtbedingungen unter Berücksichtigung der Sozialisierungsphase. Ängstlichkeit gegenüber Besuchern sollte ein Alarmzeichen sein.
- ✔ Achten Sie auf ein ausgeglichenes Verhalten der Hündin und der Welpen untereinander wie auch dem Züchter gegenüber.
- ✔ Es sollte selbstverständlich sein, dass die Hunde hygienisch einwandfrei aufwachsen, außerdem gesund und munter aussehen.
- ✔ Er fragt Sie nach Ihrer bisherigen Hundeerfahrung, wofür Sie den Hund möchten und warum Sie sich für diese Rasse entschieden haben. Er wird aus diesen Informationen den passenden Welpen aussuchen.

lichst gesund sein. Deshalb ist es ganz wichtig, dass der Welpe aus einem »guten Stall« kommt. Für eine rundum gesunde Entwicklung ist eine gute Kinderstube in den ersten acht Wochen äußerst wichtig (siehe Seite 77).

Auch wenn man keinen Wert auf Ausstellungen oder Ähnliches legt, sollte man an die Herkunft des Hundes hohe Ansprüche stellen. Nach einem Rassehund sieht man sich am besten in einem Club um, der auf dessen Zucht spezialisiert ist. Dies sind die Verbände, die dem weltweit anerkannten Dachverband, der FCI angegliedert sind. In Deutschland ist das der Verband für das Deutsche Hundewesen, der VDH. Dort bekommt man auch die Adressen der Rassehundevereine. Für die Züchter in den Rassehundevereinen der FCI/VDH gelten relativ strenge Auflagen. Bei Welpen aus einer solchen Zucht findet man die Abkürzungen FCI oder VDH bzw. des entsprechenden ausländischen Landesverbandes auf der Ahnentafel.

Mischlinge werden oft über Tageszeitungen angeboten. Für die Kinderstube gelten aber dieselben Voraussetzungen wie bei Rassehunden.

Die Wahl der geeigneten Rasse (hier ein Australian Shepherd) und die Suche nach einem verantwortungsvollen Züchter sind wichtige Grundsteine auf dem Weg zum vierbeinigen Hausgenossen.

Ein Hund aus dem Tierheim

Viele Hundefreunde entscheiden sich für einen Vierbeiner aus dem Tierheim. Hunde landen dort aus verschiedenen Gründen und sind daher auch sehr unterschiedlich. Den Tierheimhund gibt es also nicht. Von vielen Hunden ist die Vorgeschichte teilweise oder gar nicht bekannt. Viele sind durch schlechte Erfahrungen ihr Leben lang geprägt.

Verwilderte Hunde aus dem Ausland kommen mit unserer zivilisierten Welt oft nicht zurecht und wären in ihrer gewohnten Umgebung besser aufgehoben. Manche Tierheimhunde zeigen Verhaltensstörungen, deren Ursachen oft nicht mehr genau festgestellt und häufig nicht mehr therapiert werden können.

In den Tierheimen sitzen aber auch »normale« Hunde, die z. B. aus familiären Gründen abgegeben wurden. Ein solcher Hund kann sich gut an ein neues Zuhause gewöhnen. Grundsätzlich sollte man sich einen Hund nur dann aus dem Tierheim holen, wenn man außer Tierliebe auch eine ganze Menge Hundesachverstand und viel Zeit und Geduld mitbringt.

Der richtige Welpe soll es sein

Schon im Alter von sieben bis acht Wochen zeigen Welpen Unterschiede in ihrer Persönlichkeit. Es gibt forsche Draufgänger und sanfte Unterordnungswillige und natürlich viele Charaktere dazwischen.
Für ein harmonisches Zusammenleben ist unter anderem wichtig, dass Hund und Herr bzw. Frau zusammenpassen.

- Kann sich der Halter kaum durchsetzen, dann wird er keine große Freude an einem dominanten, willensstarken Rüden haben.
- Ein sehr unterwürfiger, sensibler Hund wird sich in einer lebhaften, lauten Familie nicht sehr wohl fühlen.

Züchter mit viel Wissen und Erfahrung werden die Welpen sorgfältig nach solchen Kriterien vergeben. Und zwar endgültig erst dann, wenn die Hunde etwa sieben Wochen alt sind. Selten ist der Welpe der geeignetste, der als Erster auf einen zuläuft. Vielleicht ist er zufällig gerade als einziger aktiv oder er ist der Selbstbewussteste aus dem Wurf.
Manche Züchter lassen ihre Welpen auf bestimmte Eigenschaften hin von einer den Welpen unbekannten Person testen, um sie gezielt vergeben zu können (siehe Literatur, Seite 155). Der Test kann aber nicht das endgültige Wesen eines Hundes widerspiegeln. Denn für diese Entwicklung sind zukünftige Erfahrungen mit der Umwelt sowie eine artgerechte Behandlung des Hundes von wesentlicher Bedeutung.
Wer Gelegenheit hat, die Welpen oft zu besuchen, wird sich im Lauf der Wochen aber auch ohne Test in etwa ein Bild von den einzelnen Hundekindern machen können und in Absprache mit dem Züchter so das geeignetste finden.

CHECKLISTE HUNDEKAUF

Lassen Sie sich Zeit für den Weg von der Entscheidung für einen Hausgenossen auf vier Pfoten bis zum Kauf. Gehen Sie sorgfältig vor, denn Ihr Hund wird Sie voraussichtlich die nächsten zehn, zwölf Jahre begleiten. Auf dem Weg zum Hund sollten Sie in etwa folgendermaßen vorgehen:

- ✔ Prüfen Sie, ob ein Hund grundsätzlich zu Ihren Lebensumständen passt.
- ✔ Notieren Sie sich, was Sie von einem Hund erwarten, welche Eigenschaften er haben sollte und welche nicht.
- ✔ Wählen Sie in allererster Linie danach die in Frage kommenden Rassen aus.
- ✔ Machen Sie sich durch das Studium von Fachliteratur und den Besuch von Hundeausstellungen ein genaues Bild dieser Rassen.
- ✔ Besuchen Sie möglichst mehrere Züchter und wählen Sie den aus, von dem Sie den besten Eindruck haben.
- ✔ Informieren Sie sich rechtzeitig darüber, wo es gute Welpenspieltage gibt, und melden Sie sich schon mal an.
- ✔ Sorgen Sie dafür, dass Sie alles, was der Hund braucht, im Haus haben, bevor Sie ihn beim Züchter abholen.
- ✔ Holen Sie den Welpen am besten im Alter von acht bis höchstens zehn Wochen zu sich.

Welpe oder erwachsener Hund?

Der Welpe: Wer sich eingehend über die Entwicklung eines Hundes informiert und dem Welpen die nötige Zeit widmet, kann sehr viel Einfluss auf eine optimale Sozialisierung nehmen. Der Welpe wird eine starke Bindung an »seinen« Menschen entwickeln, und so manche Probleme werden gar nicht erst entstehen oder nur vorübergehende »Problemchen« sein.

Der erwachsene Hund: Er hat seine wichtigsten Phasen in der Entwicklung schon hinter sich. Je nachdem wie diese verlaufen sind, kann es kleinere oder größere Probleme geben.

Ein oder mehrere Hunde?

Der Hund ist zwar ein Rudeltier, der Mensch ist für ihn jedoch ein echter Sozialpartner. Also eine Art »Artgenosse«. Deshalb ist es für den Hund im Gegensatz zu vielen anderen Haus- und Heimtieren nicht artwidrig, als Einzeltier gehalten zu werden. Vorausgesetzt, er hat engen Familienanschluss.

Wer gerne mehrere Hunde hält, sollte sich vorher ein paar Gedanken dazu machen.

- Damit sich die Hunde nicht zu stark aufeinander fixieren, ist es wichtig, sich mit jedem gezielt einzeln zu beschäftigen. Besonders, was die Erziehung betrifft. Jüngere Hunde übernehmen zwar viel von einem älteren, aber Negatives leider genauso wie Positives.
- Das Rudelbewusstsein ist bei mehreren zusammengehörenden Hunden ausgeprägter, was bei Spaziergängen gelegentlich zu Problemen mit anderen Hunden führen kann. Ist der Gehorsam der einzelnen Hunde nicht zuverlässig, neigen sie im Rudel auch eher zu unerwünschten Alleingängen, etwa wenn plötzlich ein Reh oder Ähnliches auftaucht.
- Am einfachsten ist die Haltung eines Rüden mit einer Hündin, wenn zumindest einer kastriert wird.
- Manche Hunde fühlen sich von Welpen genervt und möchten nichts damit zu tun haben. Andere freuen sich, wenn sie jemanden zum Toben und Erziehen bekommen.
- Bei gleichgeschlechtlichen Hunden kann es zu Auseinandersetzungen kommen. Vor allem dann, wenn der Altersunterschied gering ist oder der jüngere so dominant ist, dass er den »Chef« nicht als solchen akzeptiert. Solche Rangordnungsstreitigkeiten äußern sich oft dadurch, dass um bestimmte Privilegien konkurriert wird, z. B. wer als Erster durch die Tür geht, wer als Erster Frauchen begrüßen darf usw. Für den Unterlegenen artet das Leben unter solchen Bedingungen häufig in echten Stress aus. Am günstigsten ist es daher, sich zu einem bereits ein paar Jahre alten Hund einen unterordnungsbereiten Welpen anzuschaffen.

Fragend schauen diese Welpen in die Zukunft (oben). Ob sie auch so viel Glück haben wie der Welpe unten, der den Kontakt zum Menschen sichtlich genießt?

KAPITEL 2

SO LERNT UND VERSTEHT DER HUND

DIE KATE

Umgang im Alltag

Der Hund – ein besonderes Haustier

Kein anderes Haustier lebt in so engem Kontakt mit dem Menschen wie der Hund. Der Mensch ist heute wesentlich mobiler als früher, und Freizeitaktivitäten stehen hoch im Kurs. So bleibt der Hund nicht mehr überwiegend im oder am Haus, sondern er kommt mit zum Einkaufen, Joggen oder in den Urlaub. Er ist also nahezu überall präsent. Dies ist ein Grund dafür, dass es immer wieder zu Konflikten mit anderen Hundehaltern, Nichthundehaltern oder Jägern kommt.

Der Hund ist das einzige Heimtier, das sich selbst als vollwertiges Rudelmitglied im Zusammenleben mit dem Menschen fühlt. Er beobachtet genau, was in seinem »Rudel« vorgeht, wertet dies auf seine Weise und richtet sein Verhalten danach aus. Seine Instinkte, kombiniert mit großem Lernvermögen und ausgeprägter Anpassungsfähigkeit, ermöglichen es ihm, sich genau auf ein Leben mit dem Menschen einzustellen. Gefühle und Bewusstsein des Hundes sind auf einer ganz anderen Ebene als beim Menschen angesiedelt, aber noch nicht genau erforscht. Da ihm Emotionen im menschlichen Sinn fremd sind, führt eine Vermenschlichung häufig zu Missverständnissen.

Neben liebevoller Zuneigung ist deshalb oft ein überlegtes, sachliches Handeln notwendig.

Rudelmitglied Hund

Im Wolfsrudel herrschen feste Regeln für das Zusammenleben. Jeder weiß, wo sein Platz ist und welche Aufgabe er im Rudel zu erfüllen hat. Als Stammvater unserer Vierbeiner gilt vieles im Zusammenleben der Wölfe immer noch für den Hund. Auch der Hund braucht feste Regeln, an die er sich immer zu halten hat. Diese Regeln sollte die Familie gemeinsam festlegen und konsequent einhalten. Dies vermittelt dem Hund Sicherheit und Geborgenheit. Ausnahmen oder eine unterschiedliche Behandlung durch die einzelnen Familienmitglieder signalisieren dem Hund dagegen, dass etwas nicht stimmt. Das verunsichert ihn, oder, was sehr unangenehm werden kann, er sieht sich veranlasst, selbst die Rudelführung zu übernehmen. Die soziale Struktur eines Wolfsrudels lässt sich

Optimale Sozialisierung mit Mensch und Umwelt, kombiniert mit art- und rassegerechter Erziehung und Beschäftigung, ist der Schlüssel zu einem harmonischen Miteinander.

natürlich nicht einfach auf eine Familie übertragen. Dennoch braucht der Hund klare Rangeinweisungen. Artgerecht vermittelt, sind klare Regeln im Zusammenleben, auf deren Einhaltung auch bestanden wird, über kurz oder lang für den Hund ganz normal.

Haltung nur mit Garten?

Wer sich einen Hund anschaffen möchte, muss keinen Garten haben, um ihn artgerecht zu halten. Wichtig ist, dass der Hund genügend Platz hat und von der Rasse her in das Umfeld passt. Auch muss berücksichtigt werden, dass für Hunde mit kurzen Beinen und große, schwere Rassen häufiges Treppensteigen ungesund ist. Hunde wollen gerne in der Nähe ihrer Bezugsperson sein und empfinden den Aufenthalt in der Wohnung nicht negativ.

Anders kann es sein, wenn er ohne viel menschlichen Kontakt im Zwinger aufgewachsen ist.

Ein Garten hat natürlich durchaus seine Vorteile. Der Hund kann ohne großen Aufwand draußen gebürstet werden oder nach einem schmutzintensiven Spaziergang vorübergehend dort »geparkt« werden.

Ein Garten ersetzt aber in keiner Weise die Bewegung und die Beschäftigung mit dem Hund. Auch wenn er noch so groß ist, kennt der Hund dort über kurz oder lang jeden Grashalm. Aktiven Vierbeinern, die längere Zeit im Garten sich selbst überlassen sind, wird so früher oder später langweilig. Die meisten finden dann sehr schnell spannende Spielideen. Sie gestalten den Garten nach eigenem Geschmack oder verbellen leidenschaftlich jeden, der am Zaun vorbeigeht. Lockt auf der anderen Seite des Zaunes etwas Interessantes, etwa ein vierbeiniger Freund, sind viele Hunde mit einem Satz weg.

Ist ein Hund allein unterwegs, kann immer etwas passieren. Er kann selber zu Schaden kommen oder einen Unfall verursachen.

Aber auch für das Verhältnis Hund-Mensch bringt dies Nachteile. Der Hund entwickelt viel zu viel Eigenständigkeit und wird dann nicht einsehen, warum er sich nach seinem »Oberhund« richten soll.

Müssen Sie den Hund mal ein paar Stunden allein lassen, sollte er auf jeden Fall im Haus sein.

Hundebegegnungen

Viele Hundebesitzer sind unsicher, wie sie sich verhalten sollen, wenn ihnen andere Hunde begegnen. Damit dies möglichst stressfrei verläuft, sollten Hunde bereits in der Welpenzeit möglichst normales Verhalten lernen. Obwohl dies nicht immer so ist, arten die wenigsten Hundebegegnungen gleich in Raufereien aus.

Die Fellpflege dient einerseits der Gesundheit, ist andererseits aber auch ein wertvolles Mittel der sozialen Kommunikation zwischen Hund und Mensch.

Der gut erzogene Hund lernt, an der Leine Artgenossen zu ignorieren. Das hilft, Zwischenfälle zu vermeiden, und lehrt den Hund, dass es nichts bringt, an der Leine zu zerren.

Ein paar Grundregeln helfen, unangenehme Erlebnisse zu vermeiden.

- Hunden an der Leine wird von klein auf kein Kontakt zu anderen Hunden gestattet. Lässt man sie nämlich zusammen, kann es sein, dass sie sich durch die Leine besonders stark oder aber eingeengt fühlen und aggressiv reagieren.
- Auch wenn angeleinte Hunde spielen, kann es gefährlich werden. Halsbänder und Leinen können sich verheddern und den Hund in Panik versetzen.
- Zieht ein Hund an der Leine erfolgreich zu einem Artgenossen, lernt er, dass er mit Zerren letztlich dahin kommt, wo er will.
- Begegnet man mit dem eigenen frei laufenden Hund einem angeleinten, sollte man den eigenen auch an die Leine nehmen. Der andere könnte krank oder rauflustig sein.
- Auch der umgekehrte Fall ist möglich. Kann oder will der Halter seinen Hund nicht zurückrufen, ist es besser, auch den eigenen abzuleinen. Begegnen sich frei laufende Hunde, gibt es meist keine Probleme. Wenn sie nicht sowieso schon frei laufen, sollte man die Hunde nicht erst dann ableinen, wenn sie sich an der Leine bereits gegenseitig mit Imponiergehabe oder anderen Drohgesten gereizt haben.

- Sind sich Hunde offensichtlich unsympathisch, gehen die beteiligten Hundehalter zielstrebig in verschiedene Richtungen weiter und rufen ihre Hunde ruhig, aber bestimmt zu sich. Ungünstig ist es, stehen zu bleiben und die Situation zu beobachten oder die Hunde noch schnell anleinen zu wollen.
- Kommt es zu einer ernsten Auseinandersetzung, sollten alle Hundehalter möglichst gleichzeitig ihren Hund an beiden

Hinterbeinen packen und aus dem Knäuel herausziehen. Ein scharfer Strahl aus dem Wasserschlauch wäre ebenfalls ein probates Mittel.

Gibt es den Welpenschutz?

Viele Hundehalter gehen davon aus, dass Welpen im ersten Lebenshalbjahr grenzenlose Narrenfreiheit gegenüber fremden Hunden haben. Das ist aber nicht immer so. Nicht alle Welpen und auch erwachsenen Hunde sind gleich. Deshalb können die Toleranzgrenzen gegenüber Welpen durchaus unterschiedlich sein.
Jugendliche »halbstarke« Vierbeiner sind Welpen gegenüber oft relativ grob. Ältere Hunde dagegen gehen Welpen häufig lieber aus dem Weg, ansonsten reagieren sie meist vorsichtig. Akzeptiert ein sehr stürmischer Welpe nicht, wenn ein erwachsener Hund lieber seine Ruhe haben möchte, kann es durchaus sein, dass er nach mehreren Vorwarnungen nachdrücklich zurechtgewiesen wird. Unterwirft sich ein Welpe, sollte dies aber jeder Hund respektieren. Selten gibt es Hunde, die Welpen gegenüber ohne Grund aggressiv sind. Solche Vierbeiner hatten meist in ihrer Jugend keine Gelegenheit, das innerartliche Verhalten ausreichend zu erlernen. Negative Erlebnisse dieser Art müssen vermieden werden. Wichtig ist jedoch der Kontakt mit Gleichaltrigen und sozial intakten Hunden jeden Alters.

Gemeinsame Erlebnisse (oben) oder auch gemeinsames Ausruhen (unten) machen die Kind-Hund-Freundschaft zu einer wertvollen Erfahrung.

Kind und Hund

Zweifellos ist es für ein Kind eine schöne und nützliche Erfahrung, mit einem Tier aufzuwachsen. Ein Hund sollte allerdings nur dann in Frage kommen, wenn auch die Eltern einen wollen. Denn jüngere Kinder können weder allein für den Hund sorgen, noch können sie ihn erziehen und spazieren führen. Dazu sind Kinder meist erst mit etwa vierzehn Jahren in der Lage. Die Verantwortung tragen aber auch dann die Eltern.
Größere Kinder haben oft wechselnde Interessen. Wenn der Hund nach ein paar Jahren uninteressant wird oder das Kind aus dem Haus geht, bleibt der Hund oft den Eltern.
Eines ist der Hund auf keinen Fall: ein vollwertiger Ersatz für ein Geschwister, Freunde oder mangelnde Zuwendung der Eltern.
Wer einen Hund für sich und die Kinder haben möchte, sollte ein paar Punkte beachten:

- Das jüngste Kind sollte schon so groß sein, dass man ihm den Umgang mit dem Hund erklären kann. Das ist in etwa mit drei, vier Jahren der Fall.
- Der Hund, am besten ein Welpe, sollte von einem guten Züchter stammen, mit engem Familienanschluss und unter hygienischen Bedingungen aufgewachsen sein und sich beim Züchter an Kinder gewöhnt haben.

HUND UND KINDER

Gibt es den kindersicheren Hund?
Kinderfreundlichkeit ist keine Frage der Rasse, sondern der individuellen Veranlagung und der Erfahrungen. Außerdem unterscheiden viele Hunde durchaus zwischen Kindern des eigenen Rudels und fremden.
Deshalb ist es äußerst zweifelhaft, einer Hunderasse pauschal die Eigenschaft der Kinderfreundlichkeit zuzuschreiben. Viele Menschen gehen so von falschen Voraussetzungen aus und sehen manche Kind-Hund-Beziehung durch eine »rosarote Brille«. Für einen Hund ist ein Kind kein Welpe, und die meisten Unglücke mit Kindern passieren mit dem eigenen Hund.
Gute Voraussetzungen für einen künftigen »Kinderhund« bestehen dann, wenn der Hund bereits beim Züchter gute Erfahrungen mit Kindern sammeln konnte und insgesamt ein robustes, ausgeglichenes und umgängliches Wesen mitbringt.
Die Kinder ihrerseits müssen wissen, dass ein Hund kein Spielzeug ist, sondern ein Lebewesen mit eigenen Bedürfnissen. Nie sollte man jedoch einen Hund mit einem Kind allein lassen, egal wie brav er auch sein mag.

- Familienhunde müssen manchmal so einiges aushalten. Gut eignen sich deshalb Rassen mit einer hohen Reizschwelle.
- Er sollte ein aufgeschlossenes, freundliches Wesen mit guter Unterordnungsbereitschaft haben.
- Dominante und sehr unterwürfige, unsichere Hunde sind in der Erziehung anspruchsvoller. Sehr sensible oder nervöse Vierbeiner eignen sich für Familien, in denen es turbulent zugeht, weniger gut.
- Da Familien mit Kindern oft Kinder zu Besuch haben, sind Hunde mit ausgeprägtem Wach- und Schutzinstinkt zumindest für Hundeanfänger nicht zu empfehlen.
- Zu wilde Spiele putschen den Hund oft zu sehr auf, und er wird dann zu stürmisch.
- Spiele, bei denen das Kind dem Hund unterlegen ist, sollte man besser lassen. Das gilt z. B. für Zerr-, Verfolgungs- und Rennspiele.

Da jüngere Kinder für Hunde keine Autorität darstellen, sollten sie keinen Hund herumkommandieren oder zurechtweisen.

Die Verantwortung des Hundehalters

Weil der Mensch den Hund nahezu überallhin mitnimmt, trägt er eine besondere Verantwortung. Immer wieder kommt es zu Konflikten mit anderen Hundehaltern, Nichthundehaltern, Jägern usw. Mehr Rücksicht auf allen Seiten würde hier so manchen Ärger ersparen.
Streitthema Hundekot: Die Hinterlassenschaften der Vierbeiner gehören nicht auf Wege, Spielplätze, in Parkanlagen und Wiesen, die demnächst gemäht werden. Wer seinen Hund in die Stadt mitnimmt, sollte ihm vorher die Gelegenheit zum Lösen geben. Am besten packt man immer ein paar Tüten ein, um eventuelle Malheurs zu beseitigen. Im Fachhandel sind spezielle Sets erhältlich.

Kinderfreundlichkeit ist keine rassespezifische Eigenschaft, sondern hängt von mehreren Faktoren ab.

Verhalten in Wald und Feld: Naturgemäß ist der Hund ein Jäger. Trotzdem darf man es nicht zulassen, dass er dieser Lust frönt. Solange der Hund keinen entsprechenden Gehorsam zeigt, sollte er in wildreichen Gebieten an die Leine genommen werden. Auch wenn der Hund das Wildtier nicht erwischt, gerät es in Panik, da es im Hund einen Feind sieht – egal welcher Rasse der Vierbeiner angehört. So manches Reh hat sich in seiner kopflosen Flucht zu Tode gerannt. Wird Wild gehetzt, kostet dieser Stress den Tieren viel Energie, was besonders in nahrungsarmen Zeiten dazu führt, dass sie ihre Reserven nicht mehr auffüllen können.

Rücksicht auf Mitmenschen: Menschen, die nichts mit Hunden zu tun haben, haben aus den verschiedensten Gründen oft Angst vor ihnen. Besonders Kinder. Auch wenn der eigene Hund ein »Schaf auf vier Pfoten« ist, sollte man darauf Rücksicht nehmen.

Eine gute Sozialisierung von klein auf, vor allem mit Menschen, ist heute besonders wichtig. Denn nur wenn der Hund Menschen gegenüber zuverlässig ist, kann man ihn ohne Probleme überallhin mitnehmen. Der Hund ist in unserer Gesellschaft heute vielen Reizen ausgesetzt, wie Verkehrslärm und Menschenmengen in Großstädten. Baustellenlärm, wechselnde Umgebungen bei Ausflügen, Urlauben usw. gehören für viele Hunde zum Alltag. Für einen Hund, der hier nicht die nötige Nervenstärke und Belastbarkeit mitbringt, wird das Leben schnell zum Stress. Aber nicht nur für den Hund, sondern auch für seinen Besitzer.

Neben einer guten Sozialisierung ist natürlich eine gründliche Erziehung ebenso wichtig. Denn wenn ein Hund Jogger und Radfahrer verfolgt, jeden Passanten anspringt oder gar verbellt, ist Ärger schon vorprogrammiert.

Zur Verantwortung eines Hundehalters gehört es, darauf zu achten, dass der Hund nie auf eigene Faust unterwegs ist. Leicht kann er dabei sich oder andere in Gefahr bringen.

Beschäftigung ist notwendig

In der Natur sind Wölfe ständig gefordert. Beutetiere müssen aufgespürt, Jagdstrategien entwickelt werden, und nur durch die effektive Teamarbeit unter der Führung eines erfahrenen Leittiers wird das Rudel erfolgreich sein. Wölfe müssen vor Gefahren auf der Hut sein und sich um den Nachwuchs kümmern.

Im Gegensatz dazu haben wir dem Hund heute vieles abgenommen. Früher hatten die Hunde je nach Verwendungszweck noch ihre Bereiche, für die sie zuständig waren und eingesetzt wurden. Heute jedoch sind die meisten Familienhunde sozusagen arbeitslos. Eine gewisse Leistungsbereitschaft zeigen sie aber nahezu alle. Besonders natürlich die, bei denen die Leistung in der Zucht besondere Beachtung findet. Hunde wollen also etwas tun. Deshalb ist nicht nur

ausreichende Bewegung wichtig, auch das Gehirn braucht Arbeit. Dazu gehört z. B. das richtige Spielen und das Gehorsamstraining.

- Man kann dem Hund das Bringen, Suchen oder Befolgen von Sichtzeichen beibringen.
- Es gibt verschiedene Geschicklichkeitssportarten für Hunde, die ihnen eine Menge Spaß bereiten.
- Ehrgeizige können auch in Wettkämpfen ihr Können beweisen.

Im Prinzip lernt der Hund alles, was ihn körperlich nicht überfordert und ihm ohne Zwang beigebracht werden kann. Bei Rassehunden sollte man sich an rassespezifischen Aufgaben orientieren. Neben dem positiven Effekt, dass der Hund durch solche Beschäftigungen psychisch wie physisch ausgeglichen und ausgelastet ist, trägt eine gezielte Beschäftigung viel zu einer vertrauensvollen Bindung zwischen dem Hund und seinem Menschen bei. Durch das gemeinsame Tun wird »sein« Mensch für den Hund zum Idol, dem er gerne folgt.

Eine sinnvolle Art der Beschäftigung ist Agility. Ein Parcours besteht aus mehreren Hindernissen in variierender Reihenfolge. Der Mensch läuft mit und schickt seinen Hund mit Handzeichen und Kommandos z. B. über Hürden (1), durch den Slalom (4), auf den Tisch (5), durch den Tunnel (6), über eine Wippe (7) und die A-Wand (11).

Hunde, die ständig unausgelastet und unterfordert sind, werden nicht selten missmutig und unausgeglichen. Ihre aufgestaute Energie entlädt sich oft in Richtungen, die einem bereichernden Zusammenleben nicht gerade entgegenkommen. Zerstörungswut, unwirsches Verhalten gegenüber Menschen und Artgenossen, Verfolgen von Joggern usw. oder Wildern sind einige Beispiele dafür. In manchen Fällen kann eine anhaltende Unterforderung zu echten Verhaltensstörungen führen.

So lernt der Hund

Verständigung zwischen Mensch und Hund

Mensch und Hund sollen ein partnerschaftliches Team bilden, wobei der Mensch in jedem Fall der übergeordnete Partner sein muss, der den Hund leitet und der letztlich das Sagen hat. Souveränes Auftreten und die Ausstrahlung innerer Autorität sind dabei wichtige Kennzeichen. Der Hund will sich in eine Gemeinschaft eingliedern und muss wissen, welche Tabuzonen es für ihn gibt und was er wie zu tun hat.
Der Hund soll aber nicht aus Angst vor Zwang und Strafe gehorchen, sondern aus Freude am gemeinsamen Tun. Um dem Vierbeiner diese Inhalte artgerecht verständlich zu machen, ist es notwendig zu wissen, wie der Hund lernt.
Die richtige Kommunikation mit dem Hund ist Voraussetzung für eine erfolgreiche Verständigung. Besonders wichtige Bereiche sind dabei die nonverbale Verständigung durch Körpersprache und Mimik und die verbal-akustische Kommunikation durch die Stimme. Berührungen dienen der Festigung der Bindung und können auch gezielt als Lob eingesetzt werden.

Für den richtigen Umgang mit dem Hund ist es wichtig zu wissen, wie er lernt und kommuniziert. Nur dann kann er das, was wir ihm vermitteln wollen, richtig verstehen und umsetzen.

Nonverbale Kommunikation

Der Hund deutet Körperhaltungen, Mimik und Bewegungen. Sowohl im Umgang mit Artgenossen als auch mit Menschen spielt diese Art der Verständigung eine große Rolle. Unsicherheiten des Hundehalters registriert der Hund genauso wie souveränes, selbstsicheres Auftreten. Entsprechend reagiert er. So kann sich z. B. ein dominanter Hund durch direkten, starren Blickkontakt provoziert fühlen.
Im Training mit dem Hund ist die Körpersprache sehr wichtig. Einerseits um die verbalen Kommandos optisch zu unterstützen, andererseits um mehr Abwechslung in das Training zu bringen. Außerdem fördern Sichtzeichen die Aufmerksamkeit des Hundes. Ein in dieser Richtung gut ausgebildeter Vierbeiner braucht für nahezu keine Übung mehr ein verbales Kommando.

Verbale Kommunikation

Bei der Verständigung mit dem Hund spielt neben der Körpersprache auch die Stimme eine große Rolle. Der Hund bewertet dabei den Tonfall und den Klang einer Stimme. Den Sinn des

Gesprochenen kann er aber nicht verstehen. Da der Hund ein sehr gutes Gehör hat, sind leise gesprochene Kommandos völlig ausreichend. Wichtig ist aber, dass diese Kommandos kurz und prägnant genannt und deutlich betont werden. So unterscheiden sie sich von dem übrigen Gesprochenen, das ein Hund so den ganzen Tag über im Zusammenleben mit Menschen hört. Erklärungen wie »Komm jetzt her, da kommt ein Auto«, Strafpredigten oder Kommandos, die in Form einer Frage gegeben werden wie »Würdest du dich endlich hinsetzen?«, führen letztlich nur dazu, dass der Angesprochene seine Ohren auf »Durchzug« stellt.
Den gleichen Effekt hat es, wenn man ein Kommando mehrmals wiederholt. Sobald ein Hund ein Kommando begriffen hat, nennt man es deshalb nur noch ein, höchstens zwei Mal und deutlich betont.

Die richtige Kombination

Stimme und Körpersprache sind Verständigungselemente, die sich ergänzen. Damit der Hund die Botschaft, die man ihm übermitteln will, auch versteht, müssen diese Elemente richtig kombiniert werden. Drückt der Tonfall etwas anderes aus als die Körpersprache, interpretiert der Hund die Botschaft anders, als sie gemeint war.

Beispiel: Jemand möchte seinem Hund etwas aus dem Maul nehmen. Er sagt zwar deutlich »Aus«, nähert sich dem Hund aber unsicher und zögerlich, weil er Angst hat, der Vierbeiner könnte seine »Beute« vielleicht verteidigen. Einen einigermaßen selbstsicheren Hund wird diese Aufforderung kaum überzeugen. Dazu kommt, dass der Hund in solchen Fällen die Angst des Menschen meist auch noch riecht.

Instrumentelles Lernen

Hunde lernen gern und können gut verknüpfen. Deshalb lernt der Hund auch schnell, was ihm etwas bringt und was nicht. Verhaltensweisen, die ihm in irgendeiner Weise einen Nutzen verschaffen, wird er gern wiederholen und verstärkt zeigen. Der Hund lernt also vorwiegend am Erfolg des eigenen Tuns. Dies nennt man auch instrumentelles Lernen.
Bereits der neugeborene Welpe macht die Erfahrung, dass er aus eigener Anstrengung etwas für ihn Nützliches erreichen kann (siehe Welpenentwicklung, Seite 78). Die Motivation für Verhaltensweisen, die ihm nichts bringen oder mit denen er Unangenehmes verbindet, wird dagegen früher oder später erlahmen. Auf diese Weise lernt der Hund effektiv. Dies ist einerseits sehr hilfreich für die artgerechte Ausbildung. Aber leider ist andererseits ein Nutzen für den Hund nicht immer auch einer für den Besitzer. So mancher Hund »dressiert« auf diese Weise seinen Zweibeiner, und nicht selten kommt es so zu einem Ungleichgewicht in der häuslichen Rangordnung.
Beispiel: Der Hund ist an der Leine. Jedes Mal, wenn er einen anderen Hund sieht, ist er total aus dem Häuschen, weil er spielen möchte. Um dem Gezerre ein Ende zu machen, leint ihn der Besitzer so schnell wie möglich ab.
Was signalisiert das dem Hund? Je mehr er sich aufführt, desto schneller kommt er ans Ziel. Dieses Prinzip taucht in vielen alltäglichen Situationen immer wieder auf. Entweder fällt

Je mehr man sich mit dem Hund bewusst beschäftigt, desto enger wird die Bindung und desto besser das gegenseitige Verstehen.

HUND UND LERNEN

Lernen in verschiedenen Lernvorgängen
Sie veranlassen den Hund bewusst oder unbewusst dazu, ein bestimmtes Verhalten zu zeigen.

Instrumentelle Konditionierung: Der Hund lernt am Erfolg. Eine Verhaltensweise des Hundes wird sofort auf eine für den Hund reizvolle Art belohnt. So wird er dieses Verhalten gerne wieder zeigen.
Beispiel: Hund setzt sich, das Häppchen folgt.

Klassische Konditionierung: Durch einen bedingten Reiz wird ein Reflex ausgelöst.
Beispiel: Der Hund ist gewöhnt, dass er leere Jogurtbecher auslecken darf. Er verknüpft mit der Zeit, dass dem Auslecken des Jogurtbechers das Geräusch des Löffels auf dem Boden des fast leeren Bechers vorausgeht. Nach kurzer Zeit beginnt der Hund bereits zu speicheln, wenn er dieses Geräusch hört.

Bedingte Appetenz: Der Hund lernt, ein bestimmtes Verhalten seines Halters als Reiz für eine Antriebsbefriedigung zu verstehen.
Beispiel: Der Mensch nimmt einen bestimmten Ball in die Hand. Der Hund freut sich, weil das das Signal für ein beliebtes Spiel ist.

man, meist unbewusst, darauf herein und lässt sich vom Hund manipulieren, oder man steuert dagegen, was gar nicht so schwer ist.

Ignorieren und positiv bestärken

Um den Hund dahingehend zu beeinflussen, dass sein Nutzen auch der des Halters ist und er unerwünschtes Verhalten unterlässt, bedient man sich der positiven Verstärkung und des Ignorierens. Positiv bestärkt werden erwünschte Verhaltensweisen. Unerwünschtes Verhalten wird dagegen, so weit möglich, ignoriert.

Ignorieren

Ignorieren bedeutet, dem Hund in keinster Weise Aufmerksamkeit zu schenken. Es wird also mit ihm weder Blickkontakt aufgenommen noch gesprochen. Auch kein »Pfui« oder Ähnliches, denn auch negative Aufmerksamkeit ist eine Form der Zuwendung. Wichtig ist aber, dass jede Person, der gegenüber der Hund ein auszulöschendes Verhalten zeigt, dieses konsequent ignoriert. Nach einer bestimmten Zeit, die je nach Persönlichkeit des Hundes variieren kann, wird ein ignoriertes Verhalten erlahmen. Der Hund macht die Erfahrung, dass ihm sein Handeln keinen Nutzen bringt.
Auch ein Verhalten, mit dem der Hund vorher schon etwas erreicht hatte, kann man so wieder auslöschen. Dies dauert dann zwar länger und kann sich kurzzeitig verstärken, lässt sich durch beständiges Ignorieren dennoch korrigieren.
Beispiel: Macht Herrchen sich fertig für den Spaziergang mit seinem Vierbeiner, gerät dieser völlig aus dem Häuschen. Er rennt kläffend umher, springt den Hundehalter an, so dass dieser fast stürzt. Wenn sich der Hundehalter nun immer mehr beeilt, um hinaus zu kommen, bestärkt er den Hund für sein Verhalten. Setzt er sich aber z. B. voll angezogen mit der Leine in der Hand hin und ignoriert den Hund, wird dieser frustriert sein Verhalten einstellen. Erst wenn der Hund sich ruhig verhält, bricht man zum gemeinsamen Spaziergang auf.

Nicht durch Ignorieren zu beeinflussende Verhaltensweisen
Dazu gehören so genannte selbstbelohnende Handlungen und solche, mit denen der Hund sich selbst und andere gefährden oder etwas beschädigen kann.

➤ Selbstbelohnende Handlungen sind z. B. das Wildern oder das Verfolgen von Joggern. Dabei wird der Hund nicht etwa erst durch das Erlegen eines Beutetiers oder das Zufallbringen eines Joggers belohnt, sondern allein das Verfolgen bereitet schon Lust.

- Zerkaut der Hund ein Stromkabel oder einen wertvollen Teppich, kann man dies auch nicht mit Ignorieren beeinflussen.

Positiv bestärken und richtig loben

Alle Handlungen, die der Hund mit etwas Positivem verbindet, wird er gerne wiederholen. Für die meisten Hunde ist ein Leckerbissen (möglichst klein) ein sehr starker Anreiz. Aber auch ein bestimmtes, sehr beliebtes Spielzeug, verbales Lob oder Streicheln kann je nach Veranlagung und Vorlieben des Hundes zur Motivation eingesetzt werden. Eine gezielte positive Bestärkung kann man dann erreichen, wenn der Hund auf einen bestimmten Verstärker konditioniert wird. Auf ein verbales Zeichen wie »Guuut« folgt sofort ein Leckerchen. Dies wird in einer neutralen Situation und ohne ein vorausgegangenes Kommando trainiert. Hat der Hund den Zusammenhang nach ein paar Tagen erfasst, ist dieses Hörzeichen allein und auch ohne sofortige Gabe eines Häppchens als positive Bestärkung wirkungsvoll.

Wann loben?

Gelobt wird der Hund einerseits für Kommandos, die er auf eine bestimmte Aufforderung hin befolgt. Aber auch selbstständig gezeigtes erwünschtes Verhalten wird bestätigt. Etwa, wenn sich der Hund nach erfolglosem Betteln am Tisch schließlich in seinen Korb legt.
Von entscheidender Bedeutung ist beim Loben das richtige Timing. Damit ein Hund die Verknüpfung zwischen dem gezeigten Verhalten und dem Lob optimal herstellen kann, muss die Belohnung unmittelbar im Anschluss daran folgen. Lernt der Hund gerade das Sitzen, bekommt er das Leckerchen genau in dem Moment, in dem sein Hinterteil den Boden berührt. Muss man jedoch erst in der Tasche danach kramen und die Leckerchen womöglich noch in maulgerechte Portionen zerteilen, ist ein optimaler Lernerfolg schon nicht mehr gegeben. Es sei denn, er wurde bereits gezielt auf einen positiven Verstärker konditioniert.

Futter als Belohnung

Manche Hundebesitzer lehnen Futter als Belohnung ab, weil sie denken, der Hund gehorcht dann nur noch, wenn er Hunger hat. Dies geschieht aber höchstens dann, wenn die Rangordnung zwischen Hund und Halter nicht so ist, wie sie sein sollte, und der Hund dann praktisch seinen Besitzer dressiert. Futter ist im Wolfsrudel ein starker bindungsfördernder Faktor und deshalb, richtig eingesetzt, eine wertvolle Hilfe bei der Erziehung.

Wie lange belohnen?

Der Vierbeiner bekommt natürlich nicht lebenslang für alles jedes Mal eine Belohnung. Solange er ein Kommando noch nicht sicher beherrscht, wird sein Verhalten jedes Mal bestätigt. Aber nur, während er es richtig ausführt. Mit zunehmendem Können werden Leckerchen, anschließendes Spiel oder intensives Streicheln abgebaut. Einfache Kommandos, wie etwa das Sitzen, werden bald nur noch vereinzelt positiv bestätigt. Nun werden die höheren Schwierigkeitsgrade, also z. B. längeres Sitzenbleiben, besonders belohnt. Oder etwas, das der Hund besonders gut gemacht hat. Es hat sich gezeigt, dass es günstig ist, wenn auch bei gut funktionierenden Übungen ab und zu Belohnungen gegeben werden. Die Belohnungsarten können je nach Vorlieben des Hundes variabel verwendet werden. Auf diese Weise bleibt die Erwartungshaltung beim Hund erhalten, und er ist jedes Mal aufs Neue gespannt, ob er eine Belohnung bekommt und welche es dann sein wird.

Wert der Belohnung

Damit die Belohnungshappen ihre »Exklusivität« nicht verlieren, sollten sie nur ganz gezielt eingesetzt werden und nur von der Person, die mit dem Hund trainiert. Also nur dann, wenn der Hund dafür etwas geleistet hat. Denn wenn der Hund auch so all die guten Dinge bekommt, fehlt der Anreiz, sie sich durch ein bestimmtes Verhalten zu »erarbeiten«.

Bei Futter ist das in der Praxis manchmal schlecht durchführbar, weil vielleicht die Kinder oder die Oma dem Hund immer wieder mal was zustecken. In diesem Fall sollte man fürs Training nur ganz bestimmte, besonders gute Leckerbissen verwenden. Es sollten auch keine Häppchen während des Übens auf den Boden fallen und dem Hund so gewissermaßen ohne eine Vorleistung zugute kommen.

Auch für den Hund gilt: »Ein voller Bauch studiert nicht gern.« Deshalb wird er einige Stunden vor dem Training nicht mehr gefüttert. Wichtig ist ein hungriger Hund, wenn mit Leckerchen gearbeitet wird. Da der Hund sich nicht an den Belohnungen überfressen soll, sollten die Häppchen sehr klein sein und in der täglichen Futtermenge berücksichtigt werden.

Ein Ziehspiel (Bild links außen) oder ein Apportierspiel (links Mitte) sind zwei Möglichkeiten, den Hund zu motivieren und für eine gut ausgeführte Übung zu loben. Auch das Streicheln (rechts Mitte) sowie die gezielte Verabreichung von Belohnungshäppchen (rechts außen), kombiniert mit der Stimme sind wertvolle Arten der Belohnung.

Negative Verstärkung und artgerechtes Disziplinieren

Wie bei allen Lebewesen bleibt es auch beim Hund nicht aus, dass er schlechte Erfahrungen macht oder zurechtgewiesen werden muss. Dies ist beim Wolf nicht anders. Heranwachsende Wölfe lernen, dass man manche Tiere besser nicht als Beute betrachtet und dass ranghöhere Rudelmitglieder zu respektieren sind.

Negative Verstärkung

Dies heißt, dass eine bestimmte Handlung mit negativen Erfahrungen verbunden ist. Daraus lernt der Hund, solche Handlungen oder bestimmte Situationen künftig zu vermeiden. Die negative Aktion sollte immer von der Situation ausgehen und in unmittelbarem zeitlichem Zusammenhang damit stehen.

- Verfolgt der Hund z. B. ein Auto, und erschreckt ihn aus dem Auto heraus plötzlich ein scharfer Wasserstrahl oder eine laut scheppernde Blechdose, lernt er schnell, dass es besser ist, Autos in Ruhe zu lassen.
- Den gleichen Effekt hat es, wenn ein Hund z. B. Schafe jagen möchte und auf dem Weg in den Pferch Bekanntschaft mit einem elektrischen Weidezaun macht. Schafe wird er in Zukunft meiden.

HUND UND LERNEN

Unerwünschtes Verhalten verhindern
Es gibt auch Lernvorgänge, die den Hund veranlassen, Verhaltensweisen abzubrechen und künftig ganz zu unterlassen. Das geschieht durch folgende Lernvorgänge:

Bedingte Aversion: Ein Verhalten ist mit einer unangenehmen Erfahrung verbunden. Das Verhalten wird unterlassen.
Beispiel: Der Hund möchte etwas Fressbares vom Tisch klauen. Der Happen ist mit einer übel riechenden und schmeckenden Substanz präpariert. Dadurch bricht der Hund den Vorgang ab. Der negative Reiz geht aus der Sicht des Hundes von dem begehrten Objekt aus.

Bedingte Hemmung: Durch ein Verhalten wird eine negative Erfahrung ausgelöst.
Beispiel: Der Hund startet zum Jagen einer Katze. In dem Moment, in dem er losrennt, erfolgt der Verhaltensabbruch, z. B. durch den Einsatz der Discscheibe (siehe Hilfsmittel Seite 138).

Kommt der verdutzte Hund nach solchen Erfahrungen zu seinem Besitzer zurück, wird er dafür überschwänglich gelobt. Erwünschtes Verhalten wird also wieder bestärkt. Negative Erlebnisse sollte der Hund dagegen nie mit seinem Besitzer in Zusammenhang bringen, sondern sie sollen für den Hund sozusagen aus »heiterem Himmel« kommen.
Damit der Hund auch durch Hörzeichen wie »Pfui« oder »Nein« zu beeinflussen ist, muss er damit einen negativen Reiz verknüpfen. Dies kann einerseits artgerecht disziplinierend (siehe Seite 53) geschehen, andererseits durch etwas, das ihn erschreckt. Hört er das Nein in dem Augenblick, in dem in seiner Nähe eine Blechdose landet, wird das Hörzeichen künftig eine entsprechende Bedeutung haben.

Ist der Hund zu selbstständig, kann das böse Folgen haben. Hatte er Jagderfolg, ist er nur noch schwer zu kontrollieren.

Artgerecht disziplinieren

Hunde müssen gelegentlich diszipliniert werden. Etwa wenn sie bestehende Ge- oder Verbote missachten. Dies gilt sowohl für Welpen als auch für erwachsene Hunde. Aber je klarer die Dinge bereits im Welpenalter geregelt werden, desto weniger hart muss man später durchgreifen. Auch im Wolfsrudel müssen sich Welpen mit zunehmendem Alter immer häufiger unterwerfen und werden deutlich zurechtgewiesen, wenn sie Ranghöheren nicht mit dem nötigen Respekt begegnen.

Welche Disziplinierungsmaßnahmen für den Hund verständlich sind, haben Wolfsforscher in zahlreichen Beobachtungen festgestellt. Bitte beachten Sie aber, dass diese Maßnahmen nicht bei jeder Kleinigkeit und ausschließlich dem eigenen Hund gegenüber angewendet werden!

- Den weitaus größten Teil unter diesen Maßnahmen nimmt der so genannte Schnauzengriff ein. Dabei umfasst das ranghöhere Tier oft unter Knurren mit seiner Schnauze von oben die Schnauze des unterlegenen. Je nach »Vergehen« wird der Griff dabei mit mehr oder weniger Druck, aber ohne zu verletzen ausgeführt. Analog zum Wolf bedient sich der Mensch dieses Mittels mit der Hand.

Dazu ein Beispiel: Die offenstehende Spülmaschine wirkte auf einen Hund wie ein Magnet, und er versuchte, die Teller darin abzulecken. Auch ein wiederholtes »Pfui« konnte ihn nicht davon abhalten. Nach einem festen Griff über den Fang, kombiniert mit einem geknurrten »Pfui«, verließ er die Küche.

- Bedarf es einer noch deutlicheren Zurechtweisung, nimmt man den Hund am Nacken und drückt ihn auf den Boden. Auch das wird in Wolfsrudeln gegenüber Welpen relativ häufig beobachtet.
- Die sozusagen strengste und härteste Disziplinierungsmaßnahme ist der »Alpha-Wurf«. Dabei wird der Hund auf den Rücken geworfen und so lange in dieser Stellung gehalten, bis er sich eindeutig unterwirft. Bei erwachsenen, kräftigen Hunden empfiehlt sich das nur für mutige, kräftige Hundehalter in Ausnahmesituationen, etwa bei direkter Bedrohung durch den eigenen Hund.

Das Schütteln am Nackenfell spielt beim Wolf in der Erziehung so gut wie keine Rolle und ist deshalb auch beim Hund nicht artgerecht. Die Welpen untereinander machen das schon, aber hier gehört es zum spielerischen Einüben des Beutefangverhaltens.

Welche Erziehungsmaßnahme am wirkungsvollsten ist, hängt von der Persönlichkeit des einzelnen Hundes und der Situation ab. Sehr unterordnungsbereite, weiche Hunde reagieren oft schon auf ein strenges »Pfui«. Bei willensstarken Vierbeinern ist seitens des Hundehalters mehr Durchsetzungsvermögen notwendig.

Die Rangordnung artgerecht festlegen

Dass der Hund im Zusammenleben mit dem Menschen keinen hohen sozialen Status einnehmen kann, sollte jedem Hundebesitzer klar sein. Alpha-Wölfe zeichnen sich aber nicht et-

Der Griff über den Fang, der Schnauzengriff, ist ein artgerechtes Mittel, um den Hund zurechtzuweisen. Er wird aber nicht bei jeder Kleinigkeit und nur beim eigenen Hund angewandt.

Beispiel einer indirekten Rangeinweisung: Bei gemeinsamen Unternehmungen geht zuerst der Mensch zur Tür hinaus. Der Hund folgt erst auf eine entsprechende Aufforderung hin.

wa durch besondere Größe oder körperliche Stärke aus, sondern durch ihr souveränes Auftreten und ihre Erfahrung. Von ihnen gehen die meisten Aktionen aus, und sie beanspruchen bestimmte, meist erhöhte Ruheplätze für sich. Aktivitäten »Untergebener« quittiert das Leittier häufig durch Ignorieren. Wird dem Alpha-Wolf seine Vormachtstellung allerdings ernsthaft streitig gemacht, kann es zu erbitterten Kämpfen kommen.

Was bedeutet dies nun für den Menschen?

- Er muss sich »verhundlichen«, um seinen Anspruch auf einen hohen sozialen Status in die Tat umsetzen zu können. Souveränes, sicheres Auftreten und Ausstrahlung einer inneren Autorität, verbunden mit gezielter Zuwendung, Konsequenz, Gerechtigkeit und Beständigkeit zeichnen einen fähigen zweibeinigen Rudelführer aus.
- In Anlehnung an den Wolf heißt das auch, der Hund hat nichts vom Menschen zu fordern und muss sich nach ihm richten. Der Mensch agiert, und der Hund reagiert.

Diese wichtigen Grundregeln lassen sich auf viele alltägliche Situationen anwenden, erfordern aber oft ein bewusstes strategisches Vorausdenken, um unerwünschte Erfolge des Hundes zu vermeiden. Häufig ist es jedoch so, dass der Hund den Ton angibt und der Mensch reagiert. Oft geschieht dies unbewusst.

Beispiel: Will der Hund zum wiederholten Mal für ein paar Minuten in den Garten, springt Herrchen oder Frauchen wieder bereitwillig von der gemütlichen Couch, um der Aufforderung des winselnden, kratzenden Hundes nachzukommen. Dies ist z. B. eine häufig vorkommende Situation. Man meint es gut mit dem Hund. Er ist aber nicht etwa dankbar dafür, sondern es heißt wieder mal 1:0 für ihn.

Solche Abläufe schwächen die Position des Hundehalters und geben dem Hund das Gefühl, der »Boss« zu sein.

Dominantes Verhalten rechtzeitig erkennen

Unter einem dominanten Hund stellen sich die meisten Hundehalter den zähnefletschenden, beißenden Vierbeiner vor. Doch wenn es einmal so weit gekommen ist, hat sich meist vorher schon vieles ereignet, woraus der Hund im Lauf der Zeit eindeutig ableiten konnte, dass er nun Rudelführer ist.

Anzeichen für eine Schieflage der sozialen Rangordnung:

- Der Hund ist immer derjenige, der die Initiative ergreift, der Mensch reagiert nur darauf: Z. B. initiiert immer der Hund ein Spiel, fordert seine Streicheleinheiten und bekommt sie auch.
- Wenn er erfolgreich bellend z. B. nach einem Hundekuchen verlangt.
- Wenn der Hund Kommandos des Hundebesitzers häufig ignoriert oder nur befolgt, wenn es ihm gerade genehm ist.

In einem meiner Kurse fragte mich eine Hundebesitzerin, was denn daran eigentlich so schlimm wäre, wenn der Hund derjenige ist, der agiert. Sie fragte mich das, während sie – schon etwas genervt – zum x-ten Mal ihren Hund zu sich rief, der gerade einem Artgenossen hinterherlief und keinerlei Veranlassung sah, zur Besitzerin zu kommen.

Sicherlich wird nicht aus jedem Hund, der seinen Besitzer zum Spiel auffordert, automatisch ein gefährlich dominanter Hund. Aber eine klare soziale Rangordnung entspricht dem Wesen des Hundes und wirkt sich immer positiv auf das Zusammenleben mit ihm aus. So manche größeren und kleineren Probleme treten dann gar nicht erst auf. Dem Hund können viel mehr Freiheiten erlaubt werden, weil er seinem Rudelführer gehorcht. Je interessanter der Mensch für seinen Vierbeiner ist, je mehr er derjenige ist, der die Initiative zu gemeinsamen Aktivitäten ergreift, desto mehr Aufmerksamkeit wird er von seinem Hund bekommen und umso weniger wird sich der Hund auf eigene Faust nach lustvollen Erlebnissen umschauen. Der Mensch wird für den Hund zum Idol.

Artgerechte Rangeinweisungen

Um etwaige Ansprüche des Hundes auf den Chefsessel gar nicht erst aufkommen zu lassen, sollten die folgenden Rangeinweisungen möglichst vom Welpenalter an und von allen Familienmitgliedern angewendet werden. Besonders konsequent sollte man sie dann anwenden, wenn der Hund sehr selbstbewusst ist.

- Von Anfang an sollten alle erhöhten Liegeplätze wie Sessel, Sofa oder Bett tabu sein.
- Falls die Fütterung des Hundes mit der Essenszeit der Familie zusammenfällt, essen zuerst die Menschen. Anschließend wird der Hund gefüttert, nicht vorher.
- Beim Verlassen des Hauses geht zuerst der Mensch durch die Tür, dann erst der Hund.
- Liegt der Hund im Weg, sollte er ausweichen, wenn man vorbei möchte.
- Zum gemeinsamen Spiel fordert überwiegend der Mensch den Hund auf, Spielaufforderungen seitens des Hundes werden nicht immer beachtet. Auch bestimmt der Hundehalter, wann das Spiel zu Ende ist.
- Fordert der Hund z. B. durch Anstupsen oder Kopf auf den Schoß legen Zuwendung und Streicheleinheiten, wird auch dies überwiegend ignoriert.
  Dagegen nimmt der Hundehalter, wenn er es möchte, von sich aus Körperkontakt zum Hund auf. Und er beendet das Streicheln, bevor der Hund weggeht.

So macht der Mensch ohne Brüllen und körperlichen Zwang, sondern lediglich durch sein Auftreten deutlich, wer der Überlegene ist. Und hat der Hund seinen zweibeinigen Rudelgenossen als »Alpha-Hund« akzeptiert, ist dies eine sehr gute Basis für eine weitere Ausbildung.

Erhöhte Liegeplätze sind den ranghohen Rudelmitgliedern vorbehalten. Deshalb sollte das Sofa für den Hund tabu sein.

So spielt der Hund

Richtig spielen

Spielen ist für die gesamte Entwicklung des Hundes von großer Bedeutung. Aber nicht nur das innerartliche Spiel ist wichtig, sondern auch das Spiel zwischen Mensch und Hund. Es macht Spaß und fördert die Bindung. Der Mensch übernimmt auch im Spiel die Führung und demonstriert dem Hund dadurch, dass er der übergeordnete Partner ist. Wenn der Hundebesitzer mit seinem Vierbeiner oft spielt, hat er bei diesem einen ganz besonderen Stellenwert. Denn der Mensch ist es, der dem Hund dieses lustvolle Erlebnis verschafft und so für den Hund zu einem begehrten Partner wird.

Geeignete Spielsachen

Der Hund braucht keine Unmengen von Spielsachen. Einige wenige reichen.

- Dazu gehört etwas zum Zerren und Tragen, etwa ein geknotetes Tau oder ein altes Handtuch mit einem Knoten in der Mitte.
- Beliebt sind auch Spielsachen zum Werfen, beispielsweise Bälle mit und ohne Schnur, Wurfringe und Dummys. Manche davon sind auch für Spiele im Wasser geeignet und schwimmen.
- Besonders im Zahnwechsel, aber auch danach sind Kauartikel wie Büffelhautknochen oder -röllchen beim Hund recht gefragt. Damit kann er sich auch selber eine Zeit lang gut beschäftigen. Viele Hunde spielen erst damit und werfen diese Dinge ein wenig umher, um sie schließlich zu »erbeuten« und sich anschließend irgendwo zum Zerkauen niederzulassen.
- Sehr beliebt sind Spielsachen, die quietschen. Es gibt sie in reichlicher Auswahl.

Beim Kauf der Spielgegenstände muss man darauf achten, dass sie die richtige Größe für den Hund haben. Er soll sie gut tragen können, sie dürfen aber nicht so klein sein, dass sie dem Hund im Rachen stecken bleiben könnten. Verwenden Sie ausschließlich spezielles Hundespielzeug aus dem Fachhandel.

Haltung und Erziehung des Hundes unter Berücksichtigung seiner art- und rassespezifischen Bedürfnisse ist der richtige Weg zum problemlosen, zuverlässigen Hausgenossen.

Wichtige Spielregeln

Damit das Spiel auch den gewünschten positiven Effekt auf die Mensch-Hund-Beziehung hat, gibt es einige Regeln zu beachten.

HUND UND SPIEL

Beißhemmung lernen im Spiel

Ein ganz wichtiger Punkt beim Spiel ist, dass der Vierbeiner die Beißhemmung gegenüber dem Menschen lernt. Von klein auf muss er darauf aufmerksam gemacht werden, dass er weder in die Kleidung noch in Körperteile des Menschen beißen darf. Lediglich ein zarter, sanfter Griff ist erlaubt. Wird der Welpe zu stürmisch, sollte er sofort durch artgerechte Disziplinierungsmaßnahmen zurechtgewiesen werden (siehe Seite 53).

Manchmal hilft es auch, wenn der »gebissene« Zweibeiner laut aufschreit. So reagiert auch ein Welpe, wenn er von einem anderen etwas unsanft behandelt wurde.

Was am besten hilft, um dem Hund klarzumachen, dass Beißen nicht erlaubt ist, hängt vom Wesen des Hundes ab. Ein frecher Draufgänger braucht beispielsweise eine deutlichere Zurechtweisung als ein weicherer Hund.

- Zunächst einmal sollte ein Spiel immer so gestaltet werden, dass keine Verletzungsgefahr für den Hund besteht und er nicht überfordert wird. So sind z. B. für einen Welpen hohe Sprünge sehr schädlich. Auch der Untergrund muss der Richtige sein. Auf rutschigen Böden etwa kann sich der Hund leicht verletzen.

- Keinesfalls darf der Hund beim Spiel zu etwas gezwungen werden. Er soll nur das tun, wozu man ihn positiv motivieren kann oder was er von sich aus macht.
- Spiel ist, wie schon erwähnt, für den Hund nicht nur reiner Spaß, sondern er lernt dabei auch einiges für sein Leben. Erlauben Sie deshalb dem Hund im Spiel nichts, was er auch sonst nicht darf.
- Besonders bei selbstbewussten Hunden, aber auch grundsätzlich sollte der Mensch die Initiative zu einem Spiel ergreifen und nicht auf jede Spielaufforderung des Hundes eingehen (siehe Seite 55).
- Er ist es auch, der die Spielstunde durch ein immer gleiches Hörzeichen wieder beendet, und zwar bevor der Hund keine Lust mehr hat. So bleibt der Mensch ein begehrter, überlegener Spielpartner.
- Aus dem gleichen Grund werden die ganz tollen, begehrten Spielgegenstände außer Reichweite des Vierbeiners verwahrt. Sie werden gezielt nur dann eingesetzt, wenn das gemeinsame Spiel auf dem Stundenplan steht. Anschließend werden sie wieder weggeräumt.

Bei manchen Spielen sollte man besonders bei selbstbewussten und großen, kräftigen Hunden auf bestimmte Dinge achten.

- Bei Zieh- und Zerrspielen etwa sollte nicht immer der Hund der Sieger sein.
- Auf das Kommando »Aus« sollte der Hund sofort loslassen.
- Beutespiele sollten so gestaltet werden, dass nie der Mensch die Rolle der Beute übernimmt. Der Mensch sollte also nicht vor dem Hund weglaufen und sich womöglich fangen oder überwältigen lassen. Dies kann dazu führen, dass sich der Beutetrieb in eine unter Umständen gefährliche Richtung entwickelt. Bieten Sie dem Hund eine Ersatzbeute, z. B. einen Ball.
- Ähnlich ist es beim Balgen mit dem Hund. Dabei sollte der Hund nicht über dem liegenden Menschen stehen.

Mit der »Vorderkörpertiefstellung« signalisiert der Hund, dass er jetzt zu einem Spielchen aufgelegt ist.

Ziehspiele sind bei vielen Hunden beliebt. Jedoch sollte nicht immer der Hund Sieger sein. Er sollte lernen, auf ein entsprechendes Kommando hin die »Beute« sofort loszulassen.

Spielideen

Es gibt viele Möglichkeiten, mit dem Hund zu spielen. Aber nicht jedes Spiel ist für jeden Hund gleichermaßen geeignet. Individuelle Vorlieben sowie das Alter sollten genau wie rassespezifische Eigenschaften bei der Auswahl der Spiele mit einbezogen werden.

Suchspiele

Die Nase ist bekanntermaßen eines der wichtigsten Organe des Hundes und ständig in Aktion. Deshalb lieben die meisten Hunde Suchspiele sehr. Sie sind auch für nahezu alle Hunde, groß wie klein, schwer oder leicht, geeignet. Aufgespürt werden entweder Menschen, Futterhäppchen oder beliebte Spielzeuge.
Der Hund wird zunächst so abgelegt oder angebunden, dass er nicht zusehen kann, wenn Sie etwas verstecken. Dann gehen Sie zum Hund zurück. Damit der Hund so richtig »heiß« auf das Suchen wird, sprechen Sie ganz spannend mit ihm und machen ihn richtig neugierig. Erst wenn der Hund einen richtigen Drang zum Losrennen hat, sagen Sie »Such!« und lassen ihn los. Die ersten Male geht man mit ihm, um ihn gegebenenfalls zu unterstützen. Aber schon bald wird er das Spiel verstanden haben und begeistert mitmachen.
Anfangs lässt man den Hund in der Wohnung suchen. Mit zunehmender Sicherheit des Hundes verlagert man das Spiel nach draußen und erhöht den Schwierigkeitsgrad allmählich. Wenn der Hund ein Familienmitglied oder einen anderen ihm bekannten Menschen suchen soll, versteckt sich dieser, während der Hundeführer bei seinem Tier bleibt. Auch hier darf der Hund beim Verstecken nicht zusehen. Nach einer kurzen Wartezeit, in der man den Hund wieder richtig motiviert hat, lässt man ihn auf den Ruf des Versteckten hin losstarten. Hat der Hund den Menschen in seinem Versteck gefunden, wird der Vierbeiner natürlich freudig empfangen.

PRAXIS

Spielsachen auswählen und richtig einsetzen

Wenigstens ein beliebtes Spielobjekt sollte der Hundehalter stets in Verwahrung haben und es nur gezielt beim gemeinsamen Spiel verwenden.

Die Spielsachen für den Hund müssen sorgfältig ausgewählt werden.

- Sie müssen in der Größe zum Hund passen.
- Sie dürfen nicht zu klein sein, damit der Hund sie nicht verschlucken kann.
- Sie sollten aber auch nicht zu groß und schwer sein, sonst kann der Hund sie nicht tragen.

Im Folgenden werden verschiedene Spielsachen (aus dem Zoofachhandel) beschrieben und ihre Einsatzmöglichkeiten dargestellt.

Der Ball

Bälle bringen viele Hunde sehr gern. Manche sind geradezu süchtig danach. Gut geeignet sind z. B. Tennisbälle, Hartgummibälle oder Moosgummibälle. Man kann sie so werfen, dass sie ein paar Mal hüpfen, eher hoch oder weiter fliegen. Man kann sie aber auch langsam oder schneller über den Boden rollen lassen. Mischen Sie verschiedene Techniken, um Abwechslung ins Spiel zu bringen. Außerdem können Sie auch Bälle als Objekte für Suchspiele einsetzen. Keine farbigen Tennisbälle verwenden, manche Farben sind giftig. Achten Sie auf die passende Ballgröße.

Schleuderbälle

An einem Ball oder ballähnlichen Gebilde ist eine Schnur befestigt, mit deren Hilfe man diese Spielbeute sehr gut werfen kann. Aber nicht nur dafür können Schleuderbälle verwendet werden. Man kann sie an der Schnur über den Boden ziehen – in einer Linie oder im Zickzack, langsam oder schnell.

Wurfringe

Auch sie gibt es in verschiedenen Formen und Farben. Wurfringe verwendet man sowohl für Bringspiele als auch für Suchspiele. Mit etwas Übung kann man sie auch hochkant rollen. Wurfringe, die schwimmen, sind besonders geeignet für Hunde, die sich gern im Wasser aufhalten.

Dummys, die schwimmen, sind bei wasserbegeisterten Hunden sehr beliebt.

Knuddel

Dies sind farbige Taustücke, die an den Enden verknotet sind. Es gibt sie in verschiedenen Längen und unterschiedlich dick. Man kann sie werfen, verstecken und dann suchen lassen oder für Ziehspiele verwenden.

Für Ziehspiele können Sie auch gut ein altes Handtuch mit einem Knoten in der Mitte oder das abgeschnittene Bein einer alten Jeans, ebenfalls mit einem Knoten, verwenden.

Dummyähnliche Spielgegenstände gibt es auch aus Gummi oder Plastik. Manche schwimmen.

Die meisten Hunde spielen voller Begeisterung. Allerdings sollten die Spiele so gewählt werden, dass der Hund dabei nicht überfordert wird.

Dummys und Ähnliches
Zum Apportieren und Tragen gibt es spezielle Gegenstände.
Dummys sind wurstförmige, mit Plastikgranulat oder Ähnlichem gefüllte Apportiergegenstände aus Segeltuch. Sie sind in unterschiedlichen Größen und Gewichten und auch für die Arbeit im Wasser erhältlich. Sie sind ursprünglich für Hunde gedacht, die nicht fest zupacken sollen, und wurden z. B. besonders für Retriever verwendet.
Bringhölzer sind im Gegensatz dazu hart, sie sind für einen festeren Griff gedacht.

»Quietschis«
Diese Art Spielzeug – ursprünglich meist in der Form eines Igels erhältlich – gibt es mittlerweile in den unterschiedlichsten Ausführungen. Hunde beschäftigen sich gern selbst damit, indem sie voller Begeisterung darauf herumdrücken, damit es quietscht. Wenn ein Hund sehr auf sein Quietschi fixiert ist, kann man ihn beim Spazierengehen damit sehr gut von etwas ablenken.

Mögliche Gefahren vermeiden
- Laufen mehrere Hunde frei, sollten Sie es vermeiden, ein Spielzeug zu werfen oder Spiele mit Futter zu machen. Dabei kann es leicht zu Streitereien kommen.
- Überfordern Sie Ihren Hund nicht.
- Achten Sie darauf, dass sich von den Spielzeugen keine Kleinteile lösen können, die der Hund dann verschlucken könnte.

Hier eine Auswahl geeigneter Spielobjekte aus dem Zoofachhandel. Der Hund sollte aber nur wenige haben, mit denen er sich allein beschäftigt.

Geschicklichkeitsspiele

Für Geschicklichkeitsspiele finden sich nahezu überall Möglichkeiten. Ein Karton zum Durchkriechen, zwei Kinder- oder normale Stühle, über die eine Latte gelegt ist, und schon hat man zwei Hindernisse.
Aber auch in der freien Natur finden sich vielerlei Möglichkeiten. Lassen Sie Ihren Blick schweifen, wenn Sie mit dem Hund unterwegs sind. Auf Seite 64 finden Sie einige Hinweise auf »Abenteuer« in Natur und Garten. Achten Sie aber darauf, dass nie eine Verletzungsgefahr für den Hund besteht.
In vielen Fachgeschäften sind ganz besondere Bälle erhältlich. Sie haben ein paar Löcher, durch die man kleine Leckerchen in das Innere des Balls fallen lassen kann. Rollt der Hund den Ball nun geschickt hin und her, kullern die Leckerbissen nach und nach wieder heraus, und er hat seine Belohnung. Anfangs füllt man den Ball etwas reichlicher, damit schneller ein Häppchen herausfällt und der Hund bald einen Erfolg hat. Mit zunehmendem Können verringert man die Menge. So wird es für den Hund anspruchsvoller, an die Belohnung zu gelangen, und er entwickelt immer mehr Ausdauer.

Beutespiele

Als »gebürtiger« Jäger hat jeder Hund auch einen mehr oder weniger ausgeprägten Beutetrieb. Erkennbar ist dieser Instinkt daran, dass der Hund gern allem nachläuft, was sich schnell von ihm weg bewegt. In der Ausbildung ist der Beutetrieb beispielsweise beim Apportieren von Bedeutung.
Als Spielsachen für Beutespiele eignen sich Bälle mit einer Kordel daran sehr gut. Man kann sie wegschleudern und auch über den Boden ziehen. Für Ziehspiele eignen sich so genannte Knuddel in Form eines geknoteten Taus oder ein altes Handtuch.

Das Spielzeug interessant machen

Damit der Hund mitspielt, muss er sich natürlich auch für die Beute interessieren.

- Dazu nimmt man sie in die Hand und versteckt sie erst mal vor dem Hund. Mit der Stimme weckt man im Hund das Gefühl, dass Herrchen oder Frauchen etwas ganz Besonderes gefunden hat, also etwa so: »Ja schau mal, was wir da haben!« Die meisten Hunde versuchen nun neugierig herauszufinden, was ihr Mensch da Tolles hat. Aber der Hund bekommt es noch nicht. Erst wenn er so richtig »heiß« darauf ist, beginnt man das Ziehspiel oder wirft den Ball.
- Fast echt wirkt die »Beute«, wenn sie vor dem Hund auf dem Boden ruckartig im Zickzack hin- und herbewegt oder von ei-

Hunde, die gern apportieren, wie dieser Labrador, lieben es, alles Mögliche zu tragen und zu bringen.

Einmal damit vertraut gemacht, bieten sich für wasserbegeisterte Hunde in der warmen Jahreszeit reichlich Gelegenheiten für gemeinsame Badespiele von Mensch und Hund.

ner in die andere Hand gewechselt wird. Das animiert ihn zum Verfolgen der Beute. Gibt man dabei noch spannende Laute von sich, etwa Zischlaute, dann wird es für den Hund noch interessanter. Während des Spiels erstarrt man angespannt immer wieder in der Bewegung. Der Hund wird es genauso machen. Gibt man dem Hund dabei ein Kommando, z. B. »Sitz« oder »Platz«, wird er das in Erwartung des folgenden Spiels freudig und schnell befolgen. Nach kurzer Zeit löst man die Spannung – je nach Art des Spiels z. B. durch Wegschleudern des Balls oder durch ein Ziehspiel.

Apportierspiele

Für Hunde, die eine geworfene Beute, also z. B. einen Ball oder Wurfring, wieder zurückbringen, sind Apportierspiele ideal. Hier können sie sich richtig auspowern. Unterschiedliche Schwierigkeitsgrade fordern den Hund auch geistig.
Anfangs lässt man den Hund einfache Apporte ausführen. Schwieriger wird es schon, wenn der Hund die Stelle, an der das Apportel aufkommt, nicht mehr sehen kann. Also wenn es z. B. hinter einer kleinen Bodenwelle landet. Noch mehr Können verlangt es vom Hund, wenn das Apportel in einem Gebüsch oder Ähnlichem landet. Hat ein Hund gelernt, auf richtungsweisende Handzeichen zu achten, kann er es sogar schaffen, mehrere Apportiergegenstände nacheinander in einer bestimmten Reihenfolge zu bringen.

Spiel als Motivation beim Training

Spielobjekte, die der Hund besonders liebt, auch in Verbindung mit dem entsprechenden Spiel, eignen sich sehr gut für die Motivation oder als Belohnung beim Training. Dies macht man sich z. B. beim Agility zu Nutze. In dem Moment, wo der Hund ein Hindernis richtig gemeistert hat, fliegt sein Ball. Besonders Hunde, für die Futter kein großer Reiz ist, lassen sich oft durch ihr Lieblingsspielzeug gut motivieren.

PRAXIS

Spielideen für drinnen und draußen

Achten Sie beim Spaziergang auf Gelegenheiten, die Sie nutzen können, um den gemeinsamen Ausflug abwechslungsreich zu gestalten.

Gemeinsame Unternehmungen fördern eine vertrauensvolle, stabile Bindung. Im Folgenden finden Sie Vorschläge, wie Sie drinnen und draußen mit wenig Aufwand gemeinsam etwas erleben können. Zwingen Sie Ihren Hund zu nichts, sondern motivieren Sie ihn positiv mit Futter oder Spielzeug zum Mitmachen. Achten Sie auf eventuelle Verletzungsgefahren, und überfordern Sie ihn nicht.

Ideen für draußen

Beim Spaziergang bieten sich verschiedenste Gelegenheiten, etwas zusammen zu erleben. Ihrer Fantasie sind kaum Grenzen gesetzt. Lassen Sie einfach Ihren Blick schweifen, wenn Sie unterwegs sind.

Liegende Baumstämme: Lassen Sie Ihren Hund über einen liegenden Baumstamm balancieren. Sie können ihn auch dazu animieren, darüber zu springen. Für anspruchsvollere Balancierübungen eignen sich auch fest neben- und aufeinander liegende Baumstämme.

Parkbank: Lassen Sie Ihren Vierbeiner unter der Parkbank oder etwas Ähnlichem hindurchkriechen.

Baumstumpf: Motivieren Sie Ihren Hund dazu, auf den Baumstumpf zu klettern und sich z. B. zu setzen. Auch feste Holzstöße eignen sich für diese Übung.

Gemeinsame Erlebnisse, allerdings ohne Zwang, vertiefen das Zusammengehörigkeitsgefühl.

Laub- oder lockere Erdhaufen: In diesen lassen sich Spielzeuge oder Leckerchen gut verstecken.

Wasser: Auch Wasser lässt sich gut in gemeinsame Unternehmungen einbauen. Durchwaten Sie mit Ihrem Hund z. B. einen Bach oder nutzen Sie schmale Rinnsale als »Wassergraben«, indem Sie Ihren Hund animieren, darüber zu springen. Oder Sie überwinden einen ungefährlichen Bach mit großen Steinbrocken im Bachbett, indem Sie von Stein zu Stein springen.

Ideen für drinnen

Mit etwas Fantasie und Einfallsreichtum können Sie mit einfachen Mitteln entsprechend der Größe Ihres Hundes kleinere oder größere Hindernisse bauen.

Tunnels: Zwei Kindertische oder Gartentische aus Kunststoff hintereinander gestellt, ergeben einen netten Tunnel. Richtig echt wird's, wenn Sie Decken darüber hängen, so dass die Längsseiten der Tische zugehängt sind.

Größere oder kleinere feste Kartons ergeben – aneinander gereiht – ebenfalls einen Tunnel.

Gute Kriechtunnels aus Nylonmaterial, die es für Kinder gibt, kann man auch für den Hund verwenden.

Hindernisse: Über zwei Stühle, entweder Kinderstühle oder normale Stühle, wird locker ein Stock oder Besenstiel gelegt. Dann hängt man ein Handtuch über den Stock – und fertig ist die Hürde.

Slalom: Im Haus können Sie z. B. ein paar relativ hohe, schmale Eimer oder etwas Ähnliches so aufstellen, dass der Hund durchlaufen kann.

Draußen tun es einige gerade, nicht zu dünne Stöcke wie Tomatenstangen, die man in die Erde steckt. Der Abstand sollte nicht zu eng sein, damit sich der Hund gut »durchfädeln« kann.

Reifen: Fixieren Sie einen alten Autoreifen mit je zwei in die Erde gesteckten Stöcken links und rechts, sodass der Hund durchschlüpfen kann.

Vorhang: Spannen Sie eine Schnur zwischen zwei Bäumen und hängen Sie lange bunte flatternde Bänder daran. Nun animieren Sie Ihren Hund dazu, hindurchzulaufen.

Denken Sie daran, den Hund mit einem Ball oder einem anderen Spielobjekt gezielt zu motivieren. So werden Sie interessanter für den Hund, und er wird es kaum erwarten können, dass Sie sich mit ihm beschäftigen. Genauso ist es mit den anderen gemeinsamen Unternehmungen.

Je mehr Sie für Ihren Hund zum Idol werden, desto größere Aufmerksamkeit wird er Ihnen schenken. Und mit einem aufmerksamen Hund kann man viel besser arbeiten als mit einem unkonzentrierten.

Auch flatternde Bänder sind eine Situation, an die sich mancher Hund erst gewöhnen muss.

Aus alltäglichen Gegenständen, wie Stühlen, Eimern oder Kartons, lässt sich ohne viel Aufwand ein kleiner Parcours gestalten.

KAPITEL 3

ERZIEHUNGS-PRAXIS

Allgemeine Erziehungsregeln

Hundeerziehung heute

Die Haltung eines Vierbeiners sollte eine Bereicherung des Lebens sein und ein Hobby, das Spaß macht. Deshalb sind ein sicheres Wesen des Hundes und seine artgerechte Erziehung und Haltung aus mehreren Gründen wichtig. Zum einen hat dies für den Hund selbst Vorteile, da er mehr Freiheiten genießen und sein Rudel, wo immer möglich, begleiten kann. Zum anderen hat aber auch der Mensch etwas davon. Denn wenn der Hund schlecht sozialisiert und unerzogen ist, sind die dadurch entstehenden Probleme oft mit persönlichen Einschränkungen und vielen Unannehmlichkeiten verbunden.

- So sollte jeder Hund lernen, sich zu setzen und zu legen, ordentlich an der Leine zu gehen und auf Kommando sofort zu kommen.
- Er sollte auch lernen, allein an einer bestimmten Stelle zu warten, auch wenn der Besitzer außer Sichtweite ist.
- Er muss akzeptieren, dass er nichts und niemanden verfolgen darf und an der Leine Artgenossen zu ignorieren hat.

Am besten lernt der Hund diese Dinge, wenn bereits in der Sozialisierungsphase beim Welpen die Grundlagen dazu gelegt werden. Natürlich können auch Hunde jenseits des Welpenalters noch erzogen werden.

Durch Beobachtungen an Wolfs- und Hunderudeln hat man in den letzten Jahren viele neue Erkenntnisse für die artgerechte Erziehung gewonnen. Daran orientiert sich die moderne Hundeerziehung. Hunde sind äußerst verschieden. Deshalb gibt es auch nicht die für alle Vierbeiner pauschal geeignete Erziehungsmethode, aber vieles ist heute veraltet. Gehorsam wird dem Hund bereits vom Welpenalter an gezielt durch positive Motivation vermittelt. So hat er Freude am Training und wird eine Übung gern wieder machen. Diese Erziehung setzt zwar viel Wissen und überlegtes Vorgehen voraus, der Gehorsam wird aber zuverlässiger. Und ganz wichtig: Die Arbeit mit dem Hund basiert auf der Grundlage des Vertrauens und nicht der Angst. Mit antiautoritärer Erziehung hat dies jedoch nichts zu tun, denn der Hund muss konsequent das tun, was man von ihm verlangt.

Ganz ohne Negativmotivation geht es aber auch heute nicht. Diese sollte jedoch nur gezielt in solchen Situationen eingesetzt werden, die anders nicht oder nur unzureichend zu beeinflussen sind, z. B. wenn der Hund klaut oder jagt.

Eine sorgfältige, gründliche Erziehung stärkt das Band zwischen Mensch und Hund und erspart dem Hundehalter so manche Probleme im gemeinsamen Alltag.

Konsequent und beständig

Sobald der Hund ein Kommando sicher verstanden hat, sollte er es auf eine einmalige Aufforderung hin ausführen. Und nicht nur, wenn er Lust dazu hat. Richtig motiviert, wird er das auch meist tun. Achten Sie immer auf eine exakte Ausführung der Übungen, sonst schleichen sich schnell Ungenauigkeiten beim Hund ein. Denn nimmt man es selbst nicht so genau, macht der Hund das natürlich auch. Bevorzugt in solchen Situationen, wo ein guter Gehorsam besonders wichtig wäre.
Alles, was der Hund immer gleich erlebt, wird für ihn über kurz oder lang selbstverständlich und normal. Das gibt ihm Sicherheit.

Richtig korrigieren

Führt der Hund eine ihm vollkommen vertraute Übung nicht korrekt aus oder ignoriert er gar Ihre Aufforderung, sollten Sie ihn korrigieren.
Dazu 2 Beispiele:

- Setzt er sich nicht, bringt man ihn durch entsprechenden Druck auf sein Hinterteil nach unten.
- Beim Platz kann man den Hund dadurch unterstützen, dass man die Abwärtsbewegung durch entsprechenden Druck im Nackenbereich nach unten führt.

Nennen Sie dabei nur das Kommando, das er ursprünglich hätte ausführen sollen.
Wie stark korrigieren? Das hängt von der Persönlichkeit des Hundes ab. Ein weicher, sensibler Hund benötigt weniger als ein recht eigenwilliger, selbstbewusster Vierbeiner. Die »Dosis« hängt auch von der Stärke des Reizes ab, der den Hund zu schlampigem oder ungehorsamem Verhalten veranlasst hat. Je stärker dieser Reiz ist, umso durchsetzungsfreudiger muss der Hundeführer sein. Damit ist aber nicht grobe Gewalt oder gar eine schmerzhafte Einwirkung auf den Hund gemeint. Handeln Sie ruhig und bleiben Sie konsequent und selbstsicher. Wut und Nervosität übertragen sich leicht auf den Hund, und das verschlimmert die Situation meist noch. Loben Sie den Hund, sobald er wieder die richtige Position eingenommen hat.
Wann korrigieren? Hier ist das Timing wichtig. Angenommen, der Hund hat sich auf Ihren Befehl hin an Ihre Seite gesetzt und steht nun ohne Erlaubnis auf. Der richtige Zeitpunkt für die Korrektur ist der Moment, wo er im Begriff ist aufzustehen. Nicht erst dann, wenn er schon einige Schritte getan hat und bereits interessiert eine Duftmarke prüft.

Die Stimme richtig einsetzen

Auch beim Hund gilt: »Der Ton macht die Musik.« Grundlegendes zur Kommunikation finden Sie auf Seite 47 f. Hier geht es um den richtigen Tonfall. Wenn Sie also möchten, dass Ihr Hund Sie richtig versteht, sollten Sie Ihre Stimme bewusst einsetzen.

- Die Kommandos in normaler Lautstärke oder auch etwas leiser geben.
- Das Kommando in einem motivierenden, aber verbindlichen, sicheren Ton geben.
- Sagen Sie nur das Wesentliche, also Namen und Kommando. So kann der Hund das Hörzeichen am besten speichern.

Gegenseitiges Vertrauen, zu dem auch das Spielen beiträgt, ist eine wichtige Grundlage für eine erfolgreiche Erziehung.

Hat der Hund ein Kommando begriffen und führt es trotz richtiger Motivation einmal nicht aus, wird er unterstützt. Beim Sitzen (links) z. B. durch leichten Druck auf das Hinterteil, beim Platz (rechts) z. B. durch leichten Druck auf den Schulter- oder Nackenbereich.

- Macht der Hund seine Übung richtig, wiederholt man das Hörzeichen nicht mehr. Sonst schaltet der Hund auf »Durchzug«. Nur wenn er Anstalten macht, seine Position zu ändern, wiederholt man das Kommando und korrigiert ihn gegebenenfalls.
- Beim Loben muss der Tonfall natürlich so klingen, dass der Hund das Lob auch als solches versteht. Wenn sich der Hund erkennbar freut, haben Sie richtig gelobt.
- Muss man den Hund zurechtweisen, klingt die Stimme schärfer, aber nicht lauter. Das Schreien kann man sich für besondere, wirklich gefährliche Situationen aufheben, dann wirkt es wenigstens.

Kommandos wählen

Für die Hundeerziehung gibt es gebräuchliche Kommandos, die auch in diesem Buch benützt werden. Grundsätzlich können Sie sich aber auch andere Kommandos aussuchen. Wichtig ist jedoch, dass Sie für jede Übung ein ganz bestimmtes, möglichst kurzes, immer gleich bleibendes Hörzeichen wählen. Es sollten markante Ausdrücke sein, die man gut betonen kann und die der Hund so wenig wie möglich im alltäglichen Redeschwall hört.

Konzentrieren Sie sich beim Üben auf Ihren Hund. Sprechen Sie ihn mit seinem Namen an und achten Sie darauf, dass er Sie aufmerksam ansieht, bevor Sie ein Kommando geben.

Die richtige Gestaltung der Übungsstunde

Der Hund soll durch das Training keine willenlose Maschine werden, sondern sich freudig und aufmerksam unterordnen. Nehmen Sie sich Zeit für den nach Möglichkeit täglichen »Unterricht« und üben Sie nur in einer stress- und angstfreien Atmosphäre.

- Sie bestimmen, wann die Übungsstunde beginnt und endet.
- Die Dauer des Trainings muss auf das Alter des Hundes abgestimmt werden. Beim Welpen genügen etwa fünfzehn Minuten über den Tag verteilt.
- Neue Übungen werden anfangs immer ohne Ablenkung trainiert. Erst mit zunehmendem Können werden Ablenkungen schrittweise eingebaut.
- Um unerwünschten Erfolgen des Hundes vorzubeugen, sollte ein Kommando grundsätzlich nur dann gegeben werden, wenn man es bei einem eventuellen Ungehorsam auch durchsetzen kann.
- Klappt eine Übung gar nicht, sollte man lieber damit aufhören und eine Übung anschließen, die der Hund schon gut kann.
- Eine solche Übung sollte auch immer den Anfang und Schluss des Trainings bilden.
- Damit keine Langeweile aufkommt, wird eine Übung, die gut geklappt hat, höchstens einmal wiederholt.

Lockern Sie zum Entspannen den Unterricht durch Spielpausen auf.

HUND UND ERZIEHUNG

Wichtige Grundregeln in der Hundeerziehung

- ✔ Die Gehorsamsübungen werden positiv, also über Futter, Spiel oder Streicheln angebahnt.
- ✔ Hat der Hund die Übungen begriffen, werden diese Dinge abgebaut, und er muss die Kommandos immer korrekt ausführen. Vereinzelt wird erwünschtes Verhalten belohnt.
- ✔ Bleiben Sie beim Training, besonders bei temperamentvollen und nervösen Hunden, bewusst ruhig. Nur so wird auch der Hund wieder ruhiger.
- ✔ Achten Sie beim Loben und Tadeln genau auf den exakten Zeitpunkt.
- ✔ Gehen Sie im Training erst dann zum nächsten Schwierigkeitsgrad über, wenn das vorherige Lernziel vom Hund sicher beherrscht wird.
- ✔ Übungen, die der Hund kann, werden zunehmend mit Ablenkung in den Alltag eingebaut.
- ✔ Kann der Hund etwas nicht, überlegen Sie, bevor Sie ihn korrigieren, ob Sie die Übung für ihn verständlich angebahnt haben.
- ✔ Bei der Arbeit mit Futterbelohnung muss der Hund hungrig sein.

Wer übt mit dem Hund?

Am Anfang der Ausbildung, egal ob Welpe oder erwachsener Hund, sollte nur die Hauptbezugsperson mit dem Hund trainieren. Diese Aufgabe übernimmt am besten ein Erwachsener oder ein verständiges, größeres Kind.
Der Hund muss sich sowohl an den Klang der Stimme als auch an die einzelnen Kommandos gewöhnen. Muss er dann auch noch auf verschiedene Stimmen hören, wird ihm das leicht zu viel. Hat er jedoch ein Kommando verstanden, können auch die anderen Bezugspersonen mit ihm üben.

Die Botschaft übermitteln

Neben Körpersprache und Stimme ist dafür Ihre innere Haltung wichtig. Sie werden Ihrem Hund ein Kommando nur dann mit dem gewünschten Erfolg beibringen, wenn Sie innerlich hinter diesem Kommando stehen. Wenn Sie z. B. versuchen, Ihrem Hund das Platz beizubringen, es Ihnen aber letztlich egal ist, ob er es macht oder nicht, wird der Hund das Kommando vermutlich nicht lernen. Denn ihr Gesamtausdruck vermittelt dem Hund etwas anderes, als wenn Sie entschlossen und überzeugt an die Übung herangehen.

Falsches Loben und Tadeln vermeiden

Ein Lob oder eine Zurechtweisung verbindet der Hund immer mit dem Verhalten, das er unmittelbar davor gezeigt hat. Wie schon erwähnt, ist der exakte zeitliche Zusammenhang zwischen Verhalten und Lob oder Tadel äußerst wichtig. Manchmal tadelt oder lobt man den Hund aber unbewusst so, dass man genau das Gegenteil von dem erreicht, was man gern möchte.

Beispiel für unbewusst falsches Loben: Zeigt ein Hund vor etwas Ungefährlichem, Unbekanntem, z. B. einem Heuballen, Angst, neigen viele Hundebesitzer dazu, den Hund beruhigend zu streicheln oder an sich zu drücken. Dadurch nimmt man dem Hund die Angst jedoch nicht, sondern belohnt sein unsicheres Verhalten.

Richtig wäre es, mit dem Hund zu diesem Objekt zu gehen und ihm zu zeigen, dass es nichts Gefährliches ist. Das entspannte Verhalten des Besitzers signalisiert dem Hund »Entwarnung«. Niemals darf ein Hund für ängstliches oder unsicheres Verhalten bestraft werden!

Beispiel für unbewusst falsches Tadeln: Ein Hundebesitzer ruft seinen Hund wiederholt zu sich, ohne Erfolg. Nach dem x-ten Male kommt der Hund zu seinem innerlich bereits »kochenden« Besitzer zurück, der ihn nun wütend schimpft. Da der Hund so die Erfahrung macht, dass das Zurückkommen nichts Gutes bedeutet, wird er es künftig immer weniger gern tun.

Zeigt der Hund Angst vor etwas Unbekanntem, z. B. einem Heuballen, vermittelt man ihm durch das eigene unbefangene Verhalten, dass er keine Angst zu haben braucht.

Die richtige Ausrüstung

Zur Ausstattung eines jeden Vierbeiners gehören Halsband und Leine. Beides sollte der Größe des Hundes angemessen sein. Manche Hundebesitzer und auch Trainer haben heute Bedenken gegen die Verwendung von Halsbändern, weil sie meinen, diese würden dem Hund schaden. Das ist bei der Verwendung normaler Halsbänder absolut übertrieben. Der Hundehals ist nicht mit dem eines Menschen zu vergleichen. Die Bemuskelung ist beim Vierbeiner ungleich stärker. Sonst wäre ein Wolf gar nicht in der Lage, eine Beute zu reißen. Einige Jagdhunde apportieren beispielsweise mühelos einen Fuchs über ein Hindernis.

Wenig geeignet für das Training sind Automatikleinen und Brustgeschirr.

Gut geeignet für alle Hunde ist der Einsatz einer Hundepfeife für das Herankommen. Besonders auf größere Entfernungen wirkt sie besser als das gesprochene Kommando. Auch durch die ausschließliche Anwendung in dieser konkreten Situation wirkt sie besonders effizient.

PRAXIS

Die richtige Ausrüstung

Passt die Ausrüstung des Welpen zu seiner Größe und ist nicht zu schwer, wird er sich schnell daran gewöhnen.

- Halsband und Leine gehören zu jedem Hund. Selbst wenn der Hund noch so gut gehorcht, sollte man ihn in Gegenden mit Verkehr immer an der Leine halten. Den Hund kann plötzlich etwas erschrecken, oder er bekommt etwas Unwiderstehliches in die Nase und reagiert dann unerwartet. So mancher Vierbeiner kam auf diese Weise schon unter die Räder.
- Das Halsband sollte der Hund außerhalb des heimischen Bereiches überall tragen. So können Sie ihn schnell mal halten, wenn es nötig ist. Greift man ihn dabei jedoch immer im Fell, kann ihm das manchmal unangenehm sein.
- Halsband und Leine sollte man dem Hund aber abnehmen, wenn die Gefahr besteht, dass er sich verheddert. Das gilt z. B., wenn der Hund spielt. Schwimmt der Hund z. B. in einem Gewässer, in dem viele Zweige sind, muss ihm ebenfalls das Halsband abgenommen werden, damit er nirgends hängen bleibt.

Das richtige Halsband

Der Welpe braucht ein Halsband, das »mitwächst«. Es muss in der Weite regulierbar sein. Am besten ist ein Nylon- oder Lederhalsband geeignet. Würgehalsbänder sind ungeeignet. Später benötigt der Hund ein Halsband, das seiner endgültigen Größe entspricht. Es sollte nicht zu schmal und ebenfalls aus Nylon, Leder oder einem textilen Material ein. Es kann eine begrenzte Zugwirkung haben. Wird dem Hund das Halsband angelegt, sollte es so sitzen, dass es am Hals etwas locker ist, jedoch nicht über den Kopf gestreift werden kann.

Die richtige Leine

Beim Welpen sollte man darauf achten, dass die Leine nicht zu schwer für ihn ist. Wie das Halsband sollte auch sie aus Leder, Nylon oder einem textilen Material bestehen. Ketten sind ungeeignet.
Günstig ist es, zumindest für etwas ältere Welpen, wenn die Leine mittels Karabinerhaken in der Länge verstellbar ist.

Für größere Hunde ist eine stabile Leine mit einem starken Karabinerhaken notwendig.

Auch beim ausgewachsenen Hund sollte darauf geachtet werden, dass die Leine zu seiner Körpergröße und Kraft passt. Sie sollte auf jeden Fall mittels Karabinerhaken in der Länge zu verstellen und nicht zu dünn sein. Sie sollte aus dem gleichen Material sein wie die Leine für Welpen. Kettenleinen empfehlen sich auch für ausgewachsene Hunde nicht. Wenn der Hund plötzlich zieht, kann eine durch die Hand schleifende Kettenleine zu Verletzungen führen.

Die Hundepfeife

Der Gebrauch einer Hundepfeife ist für alle Hunde sehr zu empfehlen. Sie kann in der Ausbildung für das Kommen (z. B. zwei kurze Pfiffe) und für das Abstoppen auf Entfernung (ein langer Pfiff) eingesetzt werden. Die Hundepfeife sollte aus stabilem Material, z. B. Büffelhorn, bestehen und umgehängt werden können. Übrigens: Hunde hören nicht automatisch auf die Pfeife, weil es eine Hundepfeife ist. Sie müssen die Bedeutung der Pfiffe genau wie die Kommandos und Sichtzeichen lernen.

Die lange Leine

Eine mehrere Meter lange Leine ist in vielen Fällen als vorübergehendes Hilfsmittel wertvoll. Das gilt zum Beispiel bei der Verunsicherung in der Distanz oder als »Notbremse« bei nicht zuverlässigem Gehorsam. Wichtig ist aber, dass sie stabil und der Größe des Hundes entsprechend breit ist. Zu dünne Leinen bei kräftigen Hunden können ähnlich wie Kettenleinen zu Verletzungen führen, wenn der Hund plötzlich zerrt.

Spezielle Ausrüstungsgegenstände

Für bestimmte Beschäftigungen mit dem Hund verwendet man eine ganz spezielle Ausrüstung.

- Soll ein Hund z. B. einen Schlitten ziehen, trägt er ein Schlittenhundegeschirr.
- Für das Ziehen von Karren trägt er ein spezielles Zuggeschirr.
- Dem Fährtenhund, der nur an der Leine sucht, wird ein Fährtengeschirr und eine Suchleine angelegt.
- Der jagdlich geführte Schweißhund trägt zum Verfolgen einer Schweißfährte ein extra breites Halsband (Schweißhalsung) und einen Schweißriemen.
- Bei bestimmten Tätigkeiten, wie Agility oder Sucharbeit in Wasser und Gebüsch, arbeiten Hunde zur Sicherheit ohne Halsband und Leine. Um sie vorher und nachher leicht ab- und anleinen zu können, gibt es praktische Leinen, die gleichzeitig auch Halsband sind

In belebten Gegenden sollte der Hund grundsätzlich an der Leine gehen. So kann er auch bei unerwarteten Ereignissen sich und andere nicht gefährden.

Eine Auswahl der wichtigsten Ausrüstungselemente. Sie sehen auch, wie man ein Halsband mit Stoppring anlegt, wenn der Hund links geführt wird.

Erziehung der Welpen

Die Entwicklung des Welpen

Nach sorgfältiger Auswahl von Rasse und Züchter und meist einigen Wochen des Wartens ist es eines Tages so weit – das Hundekind zieht in sein neues Zuhause um. Dieser Tag ist ein einschneidendes Erlebnis in seinem kurzen Leben, heißt es doch Abschied nehmen von Mutter, Geschwistern und der vertrauten Umgebung. Ein verantwortungsvoller Züchter hat sich viel Mühe gegeben, um dem Welpen einen optimalen Start in sein Leben mit den Menschen zu ermöglichen. Nun liegt es in der Hand des neuen Hundebesitzers, diesen Weg weiterzugehen. Denn die nächsten Wochen sind für das weitere Hundeleben entscheidend.

Die Entwicklungsphasen

In der Natur macht sich der Wolfswelpe nach und nach mit seiner Umwelt vertraut. Die körperliche Entwicklung geht Hand in Hand mit der Entwicklung des Gehirns. Der kleine Wolf muss viel lernen, um fit für das Leben zu werden.

In der Entwicklung des Welpen gibt es viele prägungsähnliche Lernvorgänge. So kann man den Welpen mit dem nötigen Wissen optimal auf sein Leben vorbereiten.

Beim Haushund ist es nicht anders. Jeder Welpe hat eine bestimmte Grundveranlagung. Aber erst durch seine Erfahrungen und Erlebnisse mit der Umwelt wird letztlich sein Wesen geprägt. Die wichtigste Zeit der Entwicklung läuft in den ersten vier, fünf Lebensmonaten ab. Hier liegt die Chance, das Hundekind gezielt auf sein späteres Leben vorzubereiten.
Innerhalb dieser entscheidenden Monate ist das Hundegehirn jeweils für begrenzte Zeitspannen für ganz bestimmte Erfahrungen besonders empfanglich. Alles, was der Welpe in diesen Zeitabschnitten erlebt, wird in prägungsähnlichen Lernvorgängen nachhaltig in seinem Gehirn gespeichert. Diese Vorgänge sind nahezu unauslöschlich. Deshalb wirken sich gute wie schlechte und auch fehlende Erfahrungen meist lebenslang auf das Wesen des Hundes aus.

Die ersten 20 Tage (neonatale und Übergangsphase)

Kommt der Welpe zur Welt, ist er ein hilfloses kleines Wesen und ganz auf den Brutpflegeinstinkt seiner Mutter angewiesen. Sie gibt ihm Nahrung und Wärme, leckt und säubert ihn. Durch diese Fürsorglichkeit entwickelt sich beim Welpen das so wichtige Urvertrauen.

Die Sinne des Welpen arbeiten zwar noch auf »Sparflamme«. Er kann aber schon unterschiedliche Wärmegrade fühlen, und auch sein Geruchssinn funktioniert bereits ein wenig. Sehen und hören kann er noch nicht, und er ist noch recht unbeweglich.

Dennoch arbeitet es schon in seinem Gehirn, und er macht erste, wichtige Erfahrungen.

- So findet ein lebenstüchtiger Welpe von selbst das Gesäuge seiner Mutter und bekommt so die lebenswichtige Milch.
- Und falls es ihm kühl wird, weil er ein Stück in die falsche Richtung gerobbt ist, findet er von selbst in die kuschelige Wärme von Mutter und Geschwistern zurück.

Schon durch diese frühen Erlebnisse lernt er, dass er aus eigener Anstrengung zu einem Erfolg kommen kann. Der milde Stress dieser Situation hilft ihm, auch im weiteren Leben mit Stresssituationen besser fertig zu werden. Menschliche Unterstützung beim Anlegen an die Zitze oder durch den Einsatz künstlicher Wärmequellen ist zwar gut gemeint, schadet aber mehr, als sie nützt.

<u>Das bedeutet für den Hundebesitzer:</u>
Grundsätzlich ist es für jeden Hund wichtig, eine instinktsichere Mutter zu haben sowie optimal und natürlich aufzuwachsen. Darauf sollte besonders der Hundekäufer achten, der mit seinem Hund später arbeiten möchte oder einen künftigen Zuchthund will.

In den ersten Lebenswochen ist die Mutter für den Welpen das Wichtigste (oben). Im Umgang mit den Geschwistern üben die Welpen schon bald wichtiges Sozialverhalten (unten).

Die Sozialisierungsphase – ca. 3. bis ca. 16., höchstens 20. Woche

Die nun folgenden Lebenswochen sind gekennzeichnet durch eine besonders ausgeprägte Lernbereitschaft. Diese Zeit lässt sich in zwei Abschnitte einteilen – die Zeit beim Züchter und die Zeit ab der Übernahme.

Beim Züchter

Etwa zu Beginn der dritten Lebenswoche macht der Welpe einen bedeutenden Schritt in seiner Entwicklung.

- Die Augen öffnen sich, das Gehör beginnt zu funktionieren, die Milchzähne brechen durch.
- Durch diese Veränderungen erweitert sich seine Wahrnehmungsfähigkeit.
- Auch seine Beweglichkeit nimmt immer mehr zu. Der Bewegungsradius des Hundekindes wird zunehmend größer, und es beginnt, neugierig seine Umwelt zu erkunden.

Nun sieht, riecht und hört er seine Mutter und die Geschwister, also seine Artgenossen. Auf diesen Vorgang ist sein Gehirn jetzt besonders ausgerichtet. Da der Mensch für den Hund in gewisser Weise ebenfalls Artgenosse ist, muss der junge Hund jetzt auch auf ihn sozialisiert werden. Genügend positive Erfahrungen mit verschiedenen Menschen sind notwendig, um das zu erreichen.

Unzureichend sozialisiert, kann der Hund später Menschen gegenüber unsicher und unzu-

Je älter die Welpen werden, umso neugieriger und erkundungsfreudiger werden sie. Eine abwechslungsreiche Umgebung sollte es ihnen ermöglichen, ihre Umwelt nach und nach kennen zu lernen.

verlässig sein. Beide Sozialisierungsvorgänge, also die auf den Menschen wie auch auf andere Hunde, sind in gleicher Weise wichtig. Wird ein Welpe isoliert von Artgenossen aufgezogen, fehlen ihm wichtige Erfahrungen im Bereich des Sozialverhaltens. Mit anderen Tieren lässt sich der Welpe ebenfalls jetzt am besten sozialisieren. Aber auch für den Umgang mit Kindern, die Gewöhnung an das Autofahren und an den Alltag im Haus einschließlich Staubsauger, Rührgerät usw. sowie viele andere Umweltreize ist er in dieser Phase offen. Alles, was er jetzt kennen lernt, wird für ihn später selbstverständlich sein.

Der Welpe ist sehr neugierig und möchte möglichst viel erkunden und erfahren. Ein »Abenteuerspielplatz« wird diesem Bedürfnis besonders gerecht (siehe Zeichnung Seite 80).

Das bedeutet für den Hundebesitzer:

Hier ist der Züchter gefragt. Er hat in dieser Entwicklungsphase die große Verantwortung, den Welpen optimal zu fördern und ihn auf sein späteres Leben vorzubereiten. (Woran Sie einen guten Züchter erkennen, siehe Seite 32).

Der Zeitpunkt der Übernahme

Der Welpe ist jetzt in einem Alter, in dem junge Wölfe zunehmend am Rudelleben teilnehmen. Sie lernen nach und nach alle Rudelmitglieder kennen. Die Zeit der Narrenfreiheit ist nun vorbei, sie müssen gewisse Regeln respektieren und sich den ranghöheren Mitgliedern unterwerfen. Gleichzeitig entwickelt sich durch Spielen und den Umgang mit den Rudelmitgliedern wie auch durch die Fütterung eine starke Bindung an das Rudel. Zunehmend orientieren sich die Jungwölfe am Verhalten der erwachsenen Tiere und ahmen vieles nach.

Ähnlich ist es mit dem Hund. Auch er ist jetzt in dem Alter, in dem er eine besondere Bereitschaft mitbringt, zu lernen, sich in eine Gemeinschaft einzufügen und sich an diese zu binden.

➤ Er lernt, wer der Rudelführer ist, und ist auch bereit, diesen zu akzeptieren.

Ein verantwortungsvoller Züchter bietet seinen Welpen eine Art Abenteuerspielplatz, wo die Welpen körperlich und psychisch gefördert werden. Spielsachen, Wasser, etwas zum Durchkriechen und zum Darüberklettern sind einige Beispiele für die Gestaltung.

- Ausgiebiges Spielen mit »seinem Menschen«, gemeinsames Erkunden sowie Streicheln und Füttern stärken die Bindung zwischen Hund und Mensch.
- Der Welpe muss jetzt lernen, Tabus zu respektieren und Regeln für das Zusammenleben zu akzeptieren.
- Wichtig ist auch, dass er alles kennen lernt, was in Zukunft zu seinem Leben gehören wird.

In der Wurfgemeinschaft begann der Welpe bereits mit dem Einüben des innerartlichen Sozialverhaltens. Durch den Wechsel vom Züchter in das neue Zuhause wird dieser Prozess unterbrochen. Damit der junge Hund lernt, sich mit Artgenossen zu verständigen, muss er auch in den nächsten Wochen möglichst regelmäßig Gelegenheit zum Spiel mit Gleichaltrigen haben.

Das bedeutet für den Hundebesitzer:

Diese Wochen sind die wichtigste Zeit, um die Grundlagen für eine gute Bindung wie auch für ein harmonisches Zusammenleben zu schaffen. Holen Sie den Welpen zwischen der 8. und 10. Lebenswoche, um diese Zeit optimal zu nutzen. Alles, was später für den erwachsenen Hund gilt, sollte auch schon für den Welpen gelten.

- Er sollte z. B. lernen, dass auch im Spiel nicht gezwickt werden darf, das Sofa tabu ist, der Teppich nicht zerlegt werden darf, er durch Betteln nichts erreicht, er nicht immer im Mittelpunkt steht usw.
- Legen Sie ihn in neutralen Situationen ab und zu sanft auf den Rücken, um seine Un-

terordnungsbereitschaft zu fördern. Kraulen Sie ihn ein wenig und lassen Sie ihn nach kurzer Zeit mit dem Auflösungskommando (siehe Seite 93) wieder aufstehen.

- Gewöhnen Sie ihn an das Bürsten und andere Pflegemaßnahmen (siehe Seite 94).

Um zu verhindern, dass er später ernsthaft sein Futter oder Spielzeug verteidigt, sollten Sie ihn jetzt daran gewöhnen, dass er sich alles kommentarlos wegnehmen lässt.

- Während er frisst, greifen Sie ab und zu ins Futter und nehmen Sie hin und wieder die Futterschüssel kurz weg und stellen Sie sie ihm dann wieder hin.
- Genauso verfahren Sie mit Spielsachen, Kauknochen oder Ähnlichem.

Lassen Sie sich nicht beeindrucken, falls er knurrt, sondern nehmen Sie ihm den Gegenstand trotzdem weg, und bleiben Sie dabei ruhig und selbstsicher. Sobald er sich wieder freundlich verhält, bekommt er seine Dinge wieder.
Machen Sie ihn mit seiner Umwelt vertraut. Dazu gehören Kontakte mit Menschen, Geräu-

HUND UND WELPENERZIEHUNG

Welpenspielgruppen
Der Besuch von Welpenspielgruppen ist sehr empfehlenswert. Wichtig ist aber, dass das Konzept stimmt. Daran erkennen Sie gute Spielgruppen:

- ✓ Eine Gruppe umfasst höchstens sechs bis acht Welpen.
- ✓ Die Welpen sind weitgehend gleich alt, von ähnlicher Größe und gemischtrassig.
- ✓ Welpenspieltage umfassen die Zeit von der 9. bis etwa zur 15./16. Lebenswoche.
- ✓ Der Trainer vermittelt viel über den richtigen Umgang mit dem Hund und beantwortet bereitwillig alle Fragen der Teilnehmer.
- ✓ Er achtet außerdem darauf, dass nur geimpfte und gesunde Hunde teilnehmen.
- ✓ Im Vordergrund stehen an erster Stelle das gemeinsame Spiel sowie das gemeinsame Erkunden neuer Situationen ohne jeglichen Zwang.
- ✓ Der Halter bekommt Tipps zu den Gehorsamsübungen wie Sitz, Platz, Leinenführigkeit und dem Kommen. Keinesfalls darf das Training mit dem Welpen im Vordergrund stehen.

sche des Alltags, verschiedene Bodenbeläge wie Holz, Stein, Teppich, verschiedenste Treppen (es reichen jeweils einige Stufen), Stege usw. Machen Sie z. B. einen Ausflug in die Stadt, nehmen Sie ihn zu Bekannten oder ins Restaurant mit. Gewöhnen Sie Ihren Welpen auch an den Postboten und den Getränkefahrer. Wenn sie den Kleinen streicheln und ihm ab und zu ein Leckerchen zustecken, wird der Hund sie auch später akzeptieren. Spielerische Gehorsamsübungen stehen ebenfalls schon jetzt auf dem Stundenplan.
Soll der junge Hund später eine spezielle Ausbildung erhalten, wird er jetzt schon mit dem ent-

sprechenden Umfeld vertraut gemacht. Ein späterer Jagdgebrauchshund sollte z. B. bereits Bekanntschaft mit Fell oder Federn machen. Einen künftigen Agilityhund kann man schon auf das Übungsgelände mitnehmen und ihn z. B. Tunnel, Röhre oder Laufsteg kennen lernen lassen. Selbstverständlich muss man jede Verletzungsgefahr, eine Überforderung und negative Erfahrungen vermeiden.

So geht es weiter

Mit etwa 16 bis 20 Wochen endet die Sozialisierungsphase. Im Wolfsrudel bildet sich allmählich eine Rangordnung unter den Jungwölfen.

Das Gehen auf unbekanntem Untergrund ist eine der Erfahrungen, die der Welpe in der Sozialisierungsphase machen sollte. So wird er auch später keine Probleme damit haben.

Im Spiel testen sie untereinander ihre Stärken und Schwächen und trainieren ihre körperlichen Fähigkeiten. Es hat sich ein starkes Zusammengehörigkeitsgefühl entwickelt, und sie respektieren den Alpha-Wolf.
Auch beim Haushund verläuft die Entwicklung in dieser Art. Wurde die Sozialisierungsphase optimal genutzt, hat der Hund viele wichtige Dinge für ein harmonisches Zusammenleben für immer in seinem Gehirn gespeichert und erkennt seinen »Rudelführer« bereitwillig an. Manche Halbstarke kommen jetzt in eine Flegelphase, in der sie versuchen, vorher akzeptierte Regeln zu missachten. Sie testen sozusagen die Fähigkeiten des Rudelführers auf eventuelle »Schwachstellen«, die sie gegebenenfalls ausnutzen. Andere Hunde werden etwas vorsichtiger und sensibler.
Bleiben Sie dem Hund gegenüber souverän, beständig und konsequent, und versuchen Sie unbedingt, unerwünschte Erfolgserlebnisse des Hundes zu vermeiden. Dies erfordert oft ein taktisches Vorausdenken.

Die Pubertät

Im Lauf des zweiten Lebenshalbjahres werden die meisten Hunde geschlechtsreif. Hündinnen werden zum ersten Mal läufig, Rüden üben eifrig das Beinheben.
Verschiedene rassespezifische Eigenschaften beginnen sich im Lauf dieser Phase zu entwickeln oder deutlicher zu werden. Reserviertheit gegenüber Fremden, Wachinstinkt, Hüteverhalten und Jagdinstinkt sind ein paar Beispiele dafür. Wenn der Hund geschlechtsreif ist, ist er fast ausgewachsen. Bis er allerdings ganz erwachsen ist, vergehen je nach Rasse unter Umständen noch viele Monate.

Nicht zu viel Ehrgeiz!

Das, was sich aus der Wolfsforschung für die Hundeerziehung und die Welpenentwicklung ergeben hat, ist äußerst wichtig. Die Sozialisie-

rungsphase sollte optimal genützt, der Gehorsam im Welpenalter angebahnt werden.

- Der Welpe soll gefordert und gefördert werden, darf aber nicht überfordert werden. Extreme in jeder Richtung sind schädlich.
- Trotz aller notwendigen Eindrücke braucht der Welpe seine Ruhephasen und sollte nicht pausenlos mit Neuem konfrontiert werden.
- Genauso ist es mit dem Üben. Der Welpe muss mit 16 Wochen nicht reif für die Begleithundeprüfung sein. Einen Übungsplan für Welpen finden Sie auf Seite 87.

Der Alltag mit dem Welpen

Kommt ein Welpe ins Haus, bedeutet das meist eine ziemliche Umstellung des täglichen Lebens. Es ist eigentlich fast so, als käme ein kleines Kind ins Haus. Man kann den kleinen Hund nicht allein zu Hause lassen, muss ständig schauen, was er gerade macht, und die Nächte

Der Welpe wird stets freudig empfangen und überschwänglich gelobt, wenn er selbstständig oder auf Kommando herbeikommt.

sind vielleicht auch nicht die ruhigsten. Und dann soll man ja auch noch darauf achten, dass die Sozialisierungsphase optimal verläuft und man selbst einen einigermaßen passablen Rudelführer abgibt. Also ganz schön viel Arbeit.
Ist der Welpe zu Hause angekommen, sollte er sich in Ruhe in seiner neuen Umgebung umschauen. Vertrösten Sie die verständlicherweise neugierigen Verwandten und Freunde auf später, damit der Welpe nicht gleich mit zu vielen neuen Eindrücken konfrontiert wird. Zeigen Sie ihm seinen Schlafplatz und auch schon seinen Löseplatz, vielleicht nutzt er ihn gleich.

Die Stubenreinheit

Das ist eines der ersten und wichtigsten Dinge, die der Welpe lernen muss. Das beste »Rezept« ist, den

Zur Gewöhnung an die Leine sollte der Welpe sie anfangs immer mit etwas Angenehmem verbinden. Ein Spiel an der lockeren Leine ist ein Beispiel dafür.

Welpen so gut wie möglich zu beobachten, um ihn im richtigen Augenblick nach draußen zu bringen. Meist schnuppert er suchend am Boden oder dreht sich um die eigene Achse, bevor er »muss«. Bei manchen Welpen fehlen diese Signale aber auch. Grundsätzlich sollte er nach jedem Aufwachen, nach dem Fressen sowie während und nach dem Spielen hinausgeführt werden.
Damit er auch lernt, nachts nicht in die Wohnung zu machen, sollte sein Schlafplatz möglichst nah beim Rudel sein und sein Aktionsradius begrenzt werden. Am besten geht das mit einer geräumigen Kiste, einem Faltkäfig oder einer genügend großen Transportbox. Da der Hund sein Lager normalerweise nicht beschmutzt, wird er winseln, wenn er muss. Weil er in der Nähe seiner Menschen schläft, hört man ihn und kann ihn sofort hinausbringen. Achten Sie aber darauf, dass er wirklich muss und nicht nur spielen will. Darauf sollten Sie nicht eingehen.

Hat er im Freien sein Geschäft erledigt, wird er gelobt. Wenn Sie, während er »macht«, immer etwas Bestimmtes sagen, z. B. »Mach mal« oder Ähnliches, wird der kleine Hund das schnell verknüpfen und darauf reagieren.
Passiert »es« doch mal im Haus, wird er sofort hinausgebracht, falls man ihn in flagranti erwischt. Ist das Malheur schon passiert, beseitigt man es kommentarlos und gründlich. Schimpfen oder Strafen würde der Hund nicht oder falsch verstehen.
Nach zwei bis drei Wochen sind die meisten Hunde weitgehend stubenrein. Aber ein Pfützchen kann trotzdem noch ab und zu passieren. Schimpfen Sie ihn aber nie, wenn er bei der Begrüßung von Menschen oder Artgenossen etwas Urin verliert.

Die Gewöhnung an Halsband und Leine

Viele junge Hunde akzeptieren Halsband und Leine von Anfang an, manchen fällt es schwerer, sich daran zu gewöhnen. Am besten ist es, bei-

des mit etwas Gutem zu verbinden. Legen Sie ihm das Halsband zum Füttern und Spielen an. Auch die Leine können Sie dem Hund beim Fressen anlegen.
Wenn Sie ihn an der Leine führen und er noch nicht so recht mitwill, gehen Sie ein wenig in die Richtung, in die er will. Sie können auch an der lockeren Leine mit ihm spielen. Er sollte sich aber nicht in seiner Leine verheddern.

Spaziergänge

Je jünger der Welpe, umso kürzer sollten die Spaziergänge sein. Gehen Sie lieber mehrmals am Tag etwa eine Viertelstunde hinaus als eine Stunde am Stück. Besonders große Rassen sind anfällig für gesundheitliche Probleme, wenn sie einseitig belastet und überfordert werden. Mit zunehmendem Alter wird die Dauer der Spaziergänge allmählich ausgedehnt.
Viele Hundebesitzer stellen fest, dass sich der Welpe oft ungern vom Haus entfernt, besonders wenn es dunkel ist. Das liegt daran, dass beim jüngeren Welpen anfangs die Ortsbindung stärker ist als die Bindung an den Menschen. Im und am Haus fühlt er sich sicher und könnte sich bei drohender Gefahr schnell in Sicherheit bringen. Das sagt ihm sein Instinkt.
Sobald er weiß, zu welchem »Rudel« er gehört, sollte der Welpe, wo immer es das Gelände erlaubt, frei laufen. Der normal entwickelte junge Hund weiß instinktiv, dass er allein verloren ist, und wird deshalb bemüht sein, den Anschluss an sein Rudel nicht zu verlieren.
Jedes Mal, wenn er Kontakt zu Ihnen aufnimmt, von sich aus oder nachdem Sie ihn gerufen haben, wird er mit Streicheln und Häppchen freudig empfangen. Gehen Sie in die Hocke, wenn Sie den Kleinen zu sich rufen. So wirken Sie »einladender« auf den Hund, als wenn Sie größer erscheinen.
Wenn Sie ihn rufen und er nicht sofort reagiert, bewegen Sie sich etwas flotter in die entgegengesetzte Richtung von ihm weg. Dann wird er sich beeilen nachzukommen. Laufen Sie dem Welpen nach, wird er dies als lustiges Fangspiel sehen. Und wenn Sie ihn rufen, während Sie auf ihn warten, signalisiert ihm das, dass er sich nicht beeilen braucht, denn Sie sind ja in seiner Nähe, und hören tut er Sie auch.
Eine gelegentliche Richtungsänderung oder das Verstecken hinter einem Busch ohne Ankündigung veranlasst den jungen Hund ebenfalls, auf sein Rudel zu achten.
Gemeinsame »Abenteuer« stärken das Zusammengehörigkeitsgefühl.
Ermöglichen Sie dem Welpen viel Kontakt zu anderen Hunden, zu jungen wie zu erwachsenen. Spielen sollte er aber nur mit Hunden, die in der Größe und im Gewicht zu ihm passen, oder mit erwachsenen Hunden, die ruhig spielen. Sonst kann es zu Verletzungen kommen.
Um ihn an Verkehrslärm, Menschenmengen oder öffentliche Verkehrsmittel zu gewöhnen, sollte der Welpe auch den einen oder anderen Ausflug in die Stadt machen. Nicht gerade zur »Rushhour«, sondern zu einer ruhigeren Zeit. Nehmen Sie sich keine Erledigungen vor, sondern konzentrieren Sie sich ganz auf ihn.

Was aus dem jungen Hund einmal wird, liegt neben seinem genetischen Erbe zum größten Teil in der Hand von Züchter und Welpenkäufer.

Das Autofahren

Manche Welpen werden schon beim Züchter an kurze Autofahrten gewöhnt. Falls dies nicht der Fall war, sollte man darauf achten, dass die Heimfahrt für den Welpen nicht zu einem schlimmen Erlebnis wird. Unternehmen Sie mit dem Welpen zu Hause anfangs nur kurze Fahrten mit moderatem Fahrstil, und gewöhnen Sie ihn erst allmählich an längere Fahrten.

Das Alleinbleiben

Allein zu bleiben ist für das Rudeltier Hund grundsätzlich artwidrig. Dennoch sollte jeder Vierbeiner lernen, auch mehrere Stunden allein zu Hause zu bleiben. Erst mit vier, fünf Monaten ist der Welpe so weit, dass man beginnen kann, ihn daran zu gewöhnen. Vorher kann das Alleinsein zu großen Verlassensängsten führen. Besonders wenn etwas passiert, während der Welpe allein ist, was ihm Angst macht. Das kann z. B. ein Tiefflieger sein, der über das Haus donnert.

Verknüpft der junge Hund in der Sozialisierungsphase mit dem Alleinsein schlechte Erfahrungen, kann dies unter Umständen bewirken, dass er sein Leben lang nicht mehr allein bleiben will. In der Natur ist ein Wolfswelpe nie allein. Zum einen besteht ein Wurf normalerweise aus mehreren Jungtieren, und zum anderen bleibt immer ein erwachsener Wolf als Babysitter bei den Kleinen, wenn das Rudel unterwegs ist. Nicht nur wegen der Stubenreinheit sollte der nächtliche Schlafplatz des Welpen deshalb in der Nähe des Rudels sein.

Vorbereiten auf das Alleinbleiben: Das ist aber schon früher möglich. Dazu gehört, dass er nicht gestört wird, wenn er sich auf sein Bett zurückzieht oder schläft. Dafür hat sich besonders die Gewöhnung an eine geräumige Transportbox oder einen Faltkäfig bewährt. Geht es mal turbulenter zu, kann man den Käfig schließen und dem Hund so die nötige Ruhe verschaffen. Die Verwendung eines Käfigs oder einer Box darf aber nicht dazu führen, dass der Welpe aus Bequemlichkeit einfach »weggeräumt« wird.

Wird der Hund ständig zu Aktivitäten animiert, braucht er das mit der Zeit und kann sich dann nur mehr schwer damit abfinden, wenn mal nichts los ist. Reagieren Sie nicht auf jede Spielaufforderung oder sonstige fordernden Verhaltensweisen. So lernt er bald, dass er auch Ruhe geben muss.

Vermeiden Sie eine zu enge Bindung, indem Sie in manchen Situationen eine Distanz schaffen. Der Welpe muss nicht mit, wenn man im Keller etwas holt, ins Bad oder zur Toilette geht. Ist er dann etwa vier, fünf Monate alt, lässt man ihn minutenweise allein. Mit der Zeit dehnt man die Dauer allmählich immer weiter aus.

Vermeiden Sie es, den Welpen allein zu lassen, wenn er gerade recht aktiv ist. Am besten spielt man vorher ausgiebig mit ihm, achtet darauf, dass er sich gelöst hat, und füttert ihn. Der junge Hund ist nun psychisch und physisch ausgeglichen und wird sich jetzt ausruhen.

Damit das Alleinsein nicht überbetont wird, sollte weder um das Weggehen noch um das Zurückkommen großes Aufsehen gemacht werden. Wenn Sie aus dem Haus gehen, können Sie

Gute Welpenspieltage fördern die Entwicklung der Welpen. Die Gewöhnung an unbekannte Situationen, z. B. ein Bällebad, muss aber ohne Zwang geschehen.

ÜBUNGSPLAN FÜR DEN WELPEN

Der folgende Erziehungsplan zeigt Ihnen, in welchem Alter welche Übung angebahnt werden sollte. Die Zeitangaben sind lediglich Richtwerte und können variieren. Gehen Sie erst dann zur nächsten Stufe über, wenn das Vorangegangene wirklich klappt. Die Übungen sollten anfangs nur wenige Minuten dauern und allmählich ausgedehnt werden.

Wann?	Welche Übungen lernt der Hund?	Wo nachzulesen?
Ab Übernahme vom Züchter	➤ Bindung aufbauen.	siehe Seite 79, 87
	➤ Regeln für das Zusammenleben aufstellen.	siehe Seite 80
	➤ Tabus setzen (z. B. Sofa, Betteln, Kinderspielzeug etc.).	siehe Seite 80
	➤ Stubenreinheit.	siehe Seite 83
	➤ Gewöhnung an Namen, Leine und Halsband.	siehe Seite 84
Nach 1–2 Tagen, sobald der Welpe die Bezugspersonen und Futterzeiten kennt	➤ Welpe in geeignetem Gelände frei laufen lassen.	siehe Seite 85
	➤ Kommen auf Ruf in Verbindung mit den Mahlzeiten.	siehe Seite 96
	➤ Parallel dazu das Sitzen üben.	siehe Seite 89
	➤ Parallel dazu das Bei-Fuß-Gehen üben (nur wenige Meter).	siehe Seite 89
Nach 1–3 weiteren Tagen	➤ Welpe beherrscht das Sitzen.	siehe Seite 94
	➤ Nun beginnt man mit dem Platz.	siehe Seite 94
Nach 1–2 Wochen	➤ Sitz und Platz neben Ihnen allmählich zeitlich ausdehnen.	siehe Seite 94
	➤ Kommen auf Ruf innerhalb der Wohnung üben, aber auch außerhalb der Fütterungen ein paar Mal täglich.	siehe Seite 96
	➤ Klappt das, Welpen aus dem Garten rufen.	siehe Seite 96
	➤ Bei-Fuß-Gehen allmählich ausdehnen.	siehe Seite 99
Im Alter von ca. 3 Monaten	➤ Welpe bleibt sicher ein paar Minuten neben Ihnen sitzen und im Platz.	siehe Seite 94
	➤ Nun können Sie mit »Bleib« beginnen. Anfangs nur in kleinen Distanzen und kurz vor dem Welpen stehen bleiben.	siehe Seite 101
	➤ Das Kommen auf Ruf draußen kontrolliert und ohne Ablenkung üben.	siehe Seite 97
Ab etwa 4 Monaten	➤ Systematische, minutenweise Gewöhnung an das Alleinbleiben.	siehe Seite 86
	➤ »Bleib«-Übungen in der Zeit und Distanz ausdehnen.	siehe Seite 103

dem Hund durch ein immer gleiches Hörzeichen, z. B. »Warten«, signalisieren, dass er jetzt allein bleiben muss. Geben Sie ihm aber kein Kommando, wie »Platz und bleib«, da es zu viel verlangt wäre, dass der Hund mehrere Stunden an einer Stelle liegen bleibt.

Die Bindung

Als soziales Tier braucht der Hund Bindungen. Je jünger er ist, umso größer ist seine Bindungsbereitschaft. Deshalb ist das Alter von acht bis zehn Wochen für die Übernahme des Welpen am günstigsten. Eine gute Bindung gibt dem Hund das Gefühl von Geborgensein.

Für die Entstehung einer sicheren Bindung ist zunächst wichtig, dass sowohl die physischen wie psychischen Bedürfnisse des Welpen erfüllt werden. Er braucht regelmäßig Nahrung sowie intensiven Körperkontakt zu seiner Hauptbezugsperson in Form von gemeinsamem »Kontaktliegen« (natürlich nicht im Bett, sondern

Ein paar Beispiele zum richtigen Umgang mit dem Welpen: Gelegentliches sanftes Auf-den-Rücken-Legen fördert die Unterordnungsbereitschaft (links). Mittels Leckerchen setzt er sich selbstständig (Mitte) und läuft von selbst bei Fuß (rechts). Er bekommt dafür die Belohnung und lernt so am eigenen Erfolg.

z. B. auf dem Teppich oder während eines Ausflugs im Freien), Streicheln oder Fellpflege. Außerdem müssen seine Ruhe- und Schlafphasen respektiert werden.

Um richtig aufeinander eingehen zu können, muss der Welpe seinen Menschen und der Mensch seinen Hund verstehen können. Deshalb ist auch eine funktionierende Kommunikation (siehe Seite 47 f.) wichtig für die Bindung. Eine weitere wichtige Voraussetzung ist die Freude beider am gemeinsamen Tun. Gemeinsames Spielen, Erkundungsspaziergänge und das Meistern unbekannter Situationen gehören in diesen Bereich. Gleichzeitig lernt der Welpe, bestimmte Regeln im Zusammenleben zu akzeptieren und den Menschen als souveränen, gerechten, beständigen und einfühlsamen übergeordneten Partner zu respektieren.

Denken Sie immer daran, auch ein Welpe ist bereits ein »richtiger« Hund. Verhätschelt oder überbehütet zu werden ist seiner optimalen Entwicklung nicht zuträglich.

Welpenspielgruppen

Absolut empfehlenswert ist der Besuch guter Welpenspielgruppen (siehe Seite 81).

- Dort hat der Kleine Gelegenheit, während der Sozialisierungsphase regelmäßig mit etwa Gleichaltrigen verschiedener Rassen zu spielen und Sozialverhalten einzuüben.
- Er lernt fremde Menschen kennen und meistert unbekannte Situationen spielerisch in der Geborgenheit der Gruppe.
- Auch erste Gehorsamsübungen werden ohne Druck und Zwang angebahnt.

Und auch der Hundebesitzer erfährt viel Wissenswertes über Haltung und Erziehung seines Vierbeiners. Welpenspieltage werden meist von Vereinen und Hundeschulen angeboten. Fragen Sie Ihren Tierarzt danach.

Üben mit dem Welpen

Wird der Welpe in der Sozialisierungsphase bereits mit ersten Gehorsamsübungen vertraut

gemacht, wird das später für ihn selbstverständlich sein, und man kann mühelos darauf aufbauen. Auch heute noch kann man häufig hören, dass man mit einem Welpen noch nichts machen kann, weil er »noch nichts lernt« und »den Druck nicht aushält«. Das sei frühestens mit acht Monaten der Fall.
Diese veralteten und falschen Meinungen sind einfach nicht auszurotten. Auch Wolfswelpen müssen schon bald erfahren, dass sie bestimmte Regeln und Tabus respektieren müssen. Lässt man einem jungen Hund alle Freiheiten, speichert er das in seiner Sozialisierungsphase als normal ab. Fängt dann mit acht oder zwölf Monaten die Ausbildung an, bedeutet das einen totalen Einschnitt in das Leben des Hundes. Er versteht die Welt nicht mehr. Wichtig ist allerdings, dass die Erziehung, ob Welpe oder erwachsener Hund, artgerecht erfolgt. Druck ist dafür nicht nötig.

Lernen am Erfolg

Damit der Welpe freudig motiviert lernt, gestaltet man die Übungen so, dass der Hund von sich aus das macht, was man von ihm will. Begonnen wird schon ab der Übernahme vom Züchter. Die Beschreibung, wie Sie bei den einzelnen Übungen am besten vorgehen, finden Sie ab Seite 94.

➤ Das Sitzen und das Kommen auf Ruf oder Pfiff können bereits nach ein, zwei Tagen Eingewöhnung geübt werden.
➤ Sobald der Welpe das Sitzen kann, lernt er auch mühelos das Kommando »Platz«.
➤ Mit dem Üben der Leinenführigkeit beginnen Sie, sobald der kleine Hund die Leine akzeptiert hat.
➤ Ist der Welpe so weit, dass er ein, zwei Minuten ruhig an Ihrer Seite sitzt oder liegt, kann er auch einfache Formen der Übung »Bleib« lernen.

Da nicht jeder Hund gleich schnell lernt, kann es unterschiedlich lang dauern, bis eine Übung klappt. Geduld ist notwendig, denn der Welpe sollte alle Übungen ohne körperliche Einwirkung lernen.
Mittels Leckerchen wird der Hund dazu animiert, etwas Bestimmtes zu tun, z. B. sich zu setzen oder hinzulegen. Erst wenn er sich in der gewünschten Position befindet, wird das zu einer Übung gehörende Hörzeichen, also das Kommando, genannt. So verknüpft der kleine Hund das, was er gerade tut, optimal mit dem, was er hört. Und in dem Moment bekommt er nun auch seine Belohnung, am besten ein kleines, besonders schmackhaftes Leckerchen.
Um den Welpen nicht zu überfordern, sollten die einzelnen Übungen anfangs nur kurz dauern. Beim Sitzen oder Ablegen reichen mehrere Sekunden oder bei der Leinenführigkeit einige Meter. Mit der Zeit dehnt man die Übungen aus, und der Hund bekommt seine Belohnung z. B. erst für längeres Sitzenbleiben oder Abliegen.
Achten Sie beim Üben auf eine entspannte Atmosphäre. Denn Angst und Stress blockieren die Aufnahmefähigkeit und beeinträchtigen so den Lernerfolg.
Möchten Sie von Anfang an neben Hörzeichen auch Sichtzeichen mit einbeziehen, finden Sie Wissenswertes dazu auf Seite 111.

Auch ins Platz legt sich der Welpe selbst mit Hilfe eines Häppchens. Streicheln über den Rücken unterstützt ihn zusätzlich. Erst wenn er liegt, wird das Kommando genannt.

PRAXIS

Spaziergang mit dem Junghund

Mit einem Spielzeug oder Häppchen lässt sich der Welpe gut ablenken.

Das folgende Beispiel soll Ihnen veranschaulichen, wie ein Spaziergang mit einem etwa 3 bis 4 Monate alten Junghund ablaufen könnte. Die Einhaltung bestimmter Regeln und vorausschauendes Denken sind in diesem gedachten Spaziergang ebenso berücksichtigt wie bindungs- und entwicklungsfördernde Elemente sowie kleine Übungen.

Der Ausflug kann beginnen

Zuerst werden »mundgerecht« portionierte Leckerchen, ein Spielzeug, z. B. ein Quietschi, sowie ein Beutel für das eventuell notwendige Entfernen der Hinterlassenschaften des Vierbeiners eingepackt. Vor dem Verlassen der Wohnung lassen Sie den Hund sitzen und leinen ihn an. Nun gehen Sie los.

Unterwegs weckt ein Kind, ein anderer Hund, eine Katze oder auch ein Stück Abfall das Interesse des Hundes und er zieht an der Leine dorthin. Sie geben nicht nach, sondern lenken ihn mit spannender, freundlicher Stimme oder seinem Quietschi sofort ab. Sobald der Hund seine Aufmerksamkeit auf Sie richtet und an lockerer Leine willig folgt, loben Sie ihn mit der Stimme und einem Häppchen und gehen weiter. Nun erreichen Sie ein für den Freilauf geeignetes Gelände. Sie lassen den Hund sitzen, leinen ihn ab und halten ihn, wenn nötig, noch am Halsband fest. Nach kurzer Zeit lassen Sie ihn beispielsweise mit dem Kommando »Jetzt lauf« starten.

Während Sie gehen, ändern Sie ab und zu die Richtung oder verstecken sich hinter einem Busch, ohne etwas zu sagen. Sobald Ihr Zögling in irgendeiner Form Kontakt zu Ihnen aufnimmt, wird er gelobt.
Nun findet er ein Mauseloch. Sofort lenken Sie ihn davon ab (siehe oben) und belohnen ihn überschwänglich, wenn er kommt. Falls er nicht reagiert, gehen Sie ruhig zu ihm, nehmen ihn an die Leine und versuchen jetzt, ihn abzulenken. Leinen Sie ihn anschließend wieder ab.

Versteckt man sich ab und zu, lernt der Welpe, darauf zu achten, wo sein »Rudel« ist.

Unterwegs entdecken Sie einen am Boden liegenden Baumstamm. Motivieren Sie Ihren Hund mit Leckerchen zum Balancieren oder zum Darüberklettern. Loben Sie ihn ausgiebig. Gehen Sie weiter.
Ihr Vierbeiner ist nicht abgelenkt und ein paar Meter von Ihnen entfernt. Rufen Sie ihn mit entsprechend interessanter Stimme zu sich. Falls er nicht sofort reagiert, bewegen Sie

sich zügig weg und animieren Sie ihn dabei z. B. mit dem Quietschi oder durch Händeklatschen und lockender Stimme zum Kommen. Jetzt kommt er auf Sie zugerannt. Erst wenn er nur noch etwa zwei Meter entfernt ist, bleiben Sie stehen, gehen in die Hocke und geben erst jetzt das Kommando »Hier« oder den entsprechenden Pfiff. Empfangen Sie ihn überschwänglich und belohnen Sie ihn sofort.
Dies ist eine gute Gelegenheit, ein gemeinsames Spiel anzuschließen. Auf Ihrem weiteren Weg treffen Sie einen passenden vierbeinigen Spielgefährten. Die beiden spielen eine Zeit lang miteinander, und Sie unterhalten sich mit dem Hundebesitzer. Nun möchten Sie sich langsam auf den Rückweg machen. In einem Augenblick, wo Ihr Hund schaut, ob Sie noch in der Nähe sind, machen Sie auf sich aufmerksam. Locken und rufen Sie ihn zu sich, während Sie sich zügig entfernen. Ist er bei Ihnen angekommen, loben Sie ihn wieder ausgiebig.
Jetzt lassen Sie ihn sitzen und leinen ihn an. Er ist ausgetobt und ein wenig müde. Auf dem Rückweg gehen Sie mit ihm ein paar Mal einige Meter mit Leckerchen bei Fuß. Bauen Sie Schlangenlinien oder Kreise mit ein.
An einer Parkbank machen Sie anschließend eine kleine Pause und legen Ihren Vierbeiner ins Platz.
Danach führt Sie Ihr Weg noch an einer etwas lauteren Baustelle vorbei. Bleiben Sie stehen. Reagiert Ihr Hundekind verunsichert, vermitteln Sie ihm durch Ihr entspanntes Verhalten und durch die Ablenkung mit Quietschi und Leckerchen, dass kein Grund zur Angst besteht.
Zu Hause angekommen, lassen Sie den Hund innerhalb des Grundstücks oder des Hauses sitzen und leinen ihn dann ab.
Anschließend das Auflösungshörzeichen geben!

Ist der Welpe müde, fällt es ihm leicht, neben seinem Menschen im Platz liegen zu bleiben.

Entspanntes Verhalten seines Menschen und die Verknüpfung mit einem Häppchen nimmt dem Welpen die Unsicherheit in unbekannten Situationen.

Grund-
erziehung

Ein Wort zuvor

Die folgenden Übungen sind ein »Grundgerüst«, das jeder Hund beherrschen sollte. Für die Erziehungsmethode spielt es dabei keine Rolle, ob der vierbeinige Schüler ein Welpe oder ein unausgebildeter erwachsener Hund ist.

- Muss beim Welpen etwas besonders beachtet werden, finden Sie einen Extra-Hinweis.
- Außerdem finden Sie Beispiele dazu, wie Sie die Übungen sinnvoll in den Alltag einbauen können, sobald der Hund sie gut kann.
- Solange der Hund eine Übung noch nicht zuverlässig beherrscht, leint man ihn zum Üben am besten an. Lassen Sie die Leine entweder locker in der Hand, oder legen Sie sie als »Notbremse« auf den Boden.
- Die Leine darf den Hund beim Üben nicht behindern. Sie dient dazu, ihn zurückzuhalten, falls er sich auf »Abwege« begibt.
- Je nach Entfernung vom Hund nehmen Sie die normale Leine oder eine etwa fünf Meter lange Suchleine.
- Bei allen Übungen werden die Belohnungshäppchen mit zunehmendem Können abgebaut und nur noch vereinzelt gegeben.

Dieser Dalmatiner widmet seine ganze Aufmerksamkeit seinem Menschen. Dies ist eine wichtige Voraussetzung dafür, dass das Training letztlich den gewünschten Erfolg bringt.

Ein Kommando auflösen

Der Hund muss lernen, dass nicht er, sondern Sie als Rudelführer bestimmen, wie er was zu machen hat. Wenn er sich z. B. auf Befehl hinsetzt, müssen Sie ihm zu verstehen geben, wann er wieder aufstehen darf. Es kann entweder ein anderes Kommando folgen, oder aber Sie beenden das Training. Überlegen Sie sich dafür ein bestimmtes Hörzeichen, etwa »Jetzt lauf« oder »Fertig« mit einem zum Laufen animierenden Körperausdruck. Ohne dieses Hörzeichen darf der Hund seine Position nicht verlassen.

Leiten Sie mit diesem Hörzeichen im Anschluss an eine Übung ein vergnügtes Spiel ein, ist das für den jungen wie auch für einen erwachsenen Hund eine sehr motivierende Belohnung (siehe »Richtig spielen«, Seite 57 ff.).

Anwendungsbeispiel: Wenn Sie z. B. beschließen, dass der Hund jetzt frei laufen darf, sollte er nicht das Klicken der Leine automatisch mit Davonstürmen verbinden. Lassen Sie den Hund sitzen und leinen Sie ihn ab. Halten Sie ihn aber am Halsband fest, falls er noch kein »Bleib« kann. Er muss nun einen Moment bleiben, bis Sie ihm mit dem Auflösungshörzeichen die Erlaubnis zum Loslaufen geben.

Nachdem der Hund auf das Leckerchen fixiert wurde, wird dieses erst senkrecht zu Boden, dann nach vorn vom Hund weg bewegt. Liegt der Hund, bekommt er das Leckerchen und wird den Rücken entlang gestreichelt. Anschließend lässt man ihn wieder sitzen (von links nach recht).

Gewöhnung an Pflege

Beginnen Sie damit bereits beim Welpen.

- Kontrollieren Sie regelmäßig Augen, Ohren, Zähne und Pfoten. Nennen Sie dabei jedes Mal das entsprechende Körperteil. Beschäftigen Sie sich anfangs nicht zu lange mit einem Körperteil, dehnen Sie die Pflegemaßnahmen allmählich aus. Das gilt besonders für vorsichtige, unsichere Hunde.
- Bürsten Sie das Hundekind regelmäßig. Ranghohe Hunde unterstreichen ihre Position unter anderem dadurch, dass sie rangniederen Artgenossen den Kopf auf den Rücken legen. Manche selbstbewussten Hunde empfinden deshalb Berührungen in dieser Zone als unangenehm. Gewöhnen Sie Ihren Vierbeiner deshalb von klein auf an positiven Körperkontakt in diesem Bereich.

Anwendungsbeispiel: Ein Hund, der an Berührungen gewöhnt ist, wird sich beim Tierarzt kaum gegen Untersuchungen wehren. Erlebt er diese Berührungen dagegen erst, wenn er Schmerzen hat oder wenn ihm Augen- oder Ohrentropfen verabreicht werden, ist das für ihn doppelt schlimm. Wichtig sind diese Übungen außerdem für Ausstellungshunde, denn sie müssen sich vom Richter anfassen lassen.

»Sitz«

Halten Sie ein Leckerchen knapp über den Kopf des Hundes. Verhindern Sie aber, dass er es durch Springen erreicht. Meist setzt sich der Vierbeiner recht bald. Teils aus Frustration, teils, um besser zum Leckerchen hochschauen zu können. In dem Moment, in dem er korrekt sitzt, also Hinterteil und Vorderpfoten auf dem Boden sind, nennen Sie das Kommando und geben ihm die Belohnung. Loben Sie ihn gleichzeitig mit der Stimme und streicheln Sie ihn zur Unterstützung an der Brust.

Dehnen Sie die Übung allmählich aus, so dass der Hund lernt, eine Zeit lang ruhig an Ihrer Seite, die Sie sich für das Bei-Fuß-Gehen ausgesucht haben, zu sitzen.

Anwendungsbeispiele: Wenn Ihr Hund bei Fuß ist, sollte er sich jedes Mal selbstständig setzen, sobald Sie anhalten. Lassen Sie den Hund auch jeweils zum An- und Ableinen, vor dem Ein- und Aussteigen beim Autofahren oder z. B. an jeder Bordsteinkante sitzen.

»Platz«

Sobald der Hund das Sitzen verstanden hat, beginnt man mit dieser Übung.

Lassen Sie den Hund an Ihrer Seite sitzen und halten Sie ihm das Leckerchen direkt vor die Nase. Sobald sich der Vierbeiner darauf konzentriert, führen Sie das Häppchen langsam

senkrecht in Richtung Boden. Sind Belohnung und Hundenase dort angelangt, führen Sie das Leckerchen ganz langsam am Boden entlang nach vorne. Um besser an das Leckerchen gelangen zu können, wird sich der hungrige Hund früher oder später ins Platz legen. Erst wenn das Hinterteil und beide Ellenbogen am Boden sind, nennen Sie das Kommando und geben dem Hund die Belohnung direkt am Boden. Gleichzeitig loben Sie ihn wieder mit der Stimme und streicheln ihn zur Unterstützung. Ist er fast fertig mit dem Kauen – so lange bleibt der Hund anfangs in der Regel liegen –, lassen Sie ihn wieder sitzen, bevor er von selbst aufsteht. Aus dem Platz sollte er sich immer zuerst wieder aufsetzen, bevor sich entweder ein anderes Kommando anschließt oder das Üben beendet wird. Der Hund bleibt zuverlässiger liegen, wenn er nicht einfach aus dem Platz aufstehen darf.

Dehnen Sie auch diese Übung allmählich aus, so dass der Hund eine Zeit lang ruhig neben Ihnen liegen bleibt. Üben Sie das Platz anfangs zu einer Zeit, in der der Hund schon etwas müde ist, z. B. nach einem ausgiebigen Spaziergang. Dann ist seine Bereitschaft sich hinzulegen größer, als wenn er voller Energie ist.

Anwendungsbeispiele: Immer wenn Sie sich länger an einer Stelle aufhalten, können Sie den Hund bei sich ins Platz legen: beispielsweise wenn Sie im Restaurant sind, wenn Sie während des Spaziergangs anhalten, um sich zu unterhalten, wenn Sie auf den Bus warten usw.

HUND UND MOTIVATION

Die richtige Motivation

Damit der Hund optimal lernt, muss er in der richtigen Weise dazu motiviert sein. Grundsätzlich ist dafür wichtig, dass der Hund im Training frei von (negativem) Stress und Angst ist. Diese Dinge blockieren die Aufnahmefähigkeit des Hundes. Es gibt unterschiedliche Motivationsarten, die hier kurz erklärt sind.

Um erwünschtes Verhalten zu fördern, nutzt man in der modernen Hundeerziehung lediglich die ersten beiden Motivationsarten.

- ✓ *Primärmotivation:* Dabei ist das Tun an sich die Motivation für den Hund. Für das Spielen mit seinem Menschen muss der Hund z. B. nicht belohnt werden, da das Spiel an sich für ihn schon etwas Lustvolles ist.
- ✓ *Sekundärmotivation:* Der Hund tut etwas, weil danach eine Belohnung erfolgt. Weiß der Hund, dass er z. B. für das Sitzen ein Häppchen bekommt, wird er das gern wieder machen.
- ✓ *Negative Motivation:* Der Hund tut etwas, weil er anderenfalls etwas Unangenehmes zu erwarten hat. Ein entsprechend ausgebildeter Hund macht z. B. Platz, um dem ansonsten erfolgenden starken Ruck an der Leine nach unten auszuweichen.

»Hier«

Auf diese Aufforderung oder auch auf den entsprechenden Pfiff (z. B. zwei kurze Pfiffe hintereinander) hin soll der Hund sofort und schnell zu seinem Besitzer kommen und sich exakt vor ihn setzen. Dann geht der Hund auf das Kommando »Fuß« um seinen Besitzer so herum, dass er wieder an der entsprechenden Seite sitzt.
Mit »Hier« ruft man den Hund aus dem Freilauf oder aus dem »Sitz und bleib« zu sich.
Rufen Sie ihn nie aus dem Platz, da er sonst immer erwartungsvoll liegt, längeres Ablegen wird weniger zuverlässig.
1. SCHRITT: Der Hund sollte lernen, dass es bei diesem Kommando gar nichts anderes gibt, als sofort zu »seinem« Menschen zu kommen. Deshalb sollte man mit dieser Übung unbedingt bereits in der Sozialisierungsphase beginnen. Der Welpe darf nie die Erfahrung machen, dass er dieses Kommando überhören kann. Am besten übt man in Verbindung mit der Fütterung. An der Tageszeit und den Geräuschen erkennt der Hund, dass eine Mahlzeit in Aussicht ist, und ist deswegen positiv gestimmt. Bereiten Sie nun die Mahlzeit wie gewohnt z. B. in der Küche zu, während jemand anderer den Welpen irgendwo anders in der Wohnung festhält. Ist die Mahlzeit fertig, rufen Sie seinen Namen und das Kommando deutlich, freudig und gedehnt (»Hiiieer«). Der Welpe wird nun losgelassen. Kommt er dann fröhlich angehoppelt, loben Sie ihn überschwänglich mit der Stimme und geben ihm die Mahlzeit. Der Welpe braucht aber noch nicht vorzusitzen.
Auf die gleiche Art können Sie dem Welpen beibringen, statt auf das Kommando oder zusätzlich zum Kommando auf einen bestimmten Pfiff mit der Hundepfeife zu kommen.
Sobald der Hund das Kommando in Verbindung mit der Mahlzeit verstanden hat und sofort kommt, können Sie ihn ein paar Mal täglich außerhalb der Mahlzeiten innerhalb der Wohnung zu sich rufen oder pfeifen. Als Belohnung gibt es ein kleines Häppchen und viele Streicheleinheiten. Zeigen Sie ihm Ihre Freude über sein Kommen. Klappt auch das, pfeifen oder rufen Sie ihn aus dem Garten zu sich.
Erst wenn der Hund nach ein paar Wochen dieses Kommando im häuslichen Bereich zuverlässig befolgt, probiert man es beim Spaziergang. Aber nur in Situationen, in denen der Hund nicht abgelenkt ist. Besonders bei sehr selbstständigen Welpen empfiehlt es sich, am Halsband eine dünne, mehrere Meter lange Schnur oder Leine zu befestigen, die der Hund hinter sich herzieht. So haben Sie, falls er auf das Kommando nicht hört, eine »Notbremse«.

Freudig folgt dieser Hund dem Kommando »Hier«, den Blick auf die sich bewegenden Hände gerichtet (oben). Dann wird er durch das in Bauchhöhe gehaltene Leckerchen in die richtige Position gelenkt (Mitte). Sitzt er aufmerksam vor, bekommt er die Belohnung (unten).

Aus dem Vorsitzen begibt sich der Hund auf das Kommando »Bei Fuß« hin wieder an die linke Seite, indem er nach rechts hinten um den Menschen herumgeht. Wird der Hund rechts geführt, geht er nach links hinten herum an die rechte Seite.

Gehen Sie ohne »Notbremse« spazieren, sollten Sie besonders darauf achten, das Kommando nur dann zu geben, wenn Sie sicher sind, dass der Welpe es befolgt. Rufen Sie ihn z. B. nur beim Namen und locken Sie ihn zu sich. Ist er unterwegs zu Ihnen, geben Sie das Kommando erst dann, wenn er nur noch etwa zwei Meter von Ihnen entfernt ist. So besteht fast kein Risiko mehr, dass der Hund noch irgendwo anders hinläuft und dann das Kommando ignorieren könnte.

Denken Sie daran, dass das Kommen für den Welpen immer etwas ganz Positives sein muss. Also Lob und Leckerchen nicht vergessen.

Auch bei einem Hund jenseits des Welpenalters, der noch nicht ausgebildet ist, geht man bei diesem Kommando so vor wie hier beschrieben.

2. SCHRITT: Sobald der Hund zuverlässig kommt und das Kommando »Fuß« beherrscht, lernt er den ganzen Übungsablauf. Dazu hält man ein Leckerchen in der Hand, bleibt aufrecht stehen und klopft sich mit den Händen auf den Bauch, nachdem man den Hund gerufen hat. Diese Bewegung zieht die Aufmerksamkeit des Hundes auf sich, und sobald er bei Ihnen ist, riecht er auch das Leckerchen.

Nun sagen Sie »Sitz«, und sobald der Hund korrekt vor Ihnen sitzt, bekommt er sein Häppchen. Warten Sie nun ein paar Sekunden. Nehmen Sie dann die Leine in die Hand und sagen Sie »Fuß«. Führen Sie den Hund jetzt hinten um sich herum, bis er wieder an Ihrer Seite ist. Lassen Sie ihn dort wieder sitzen.

Sobald der Hund »Bleib« gelernt hat (siehe Seite 101), können Sie ihn aus dem Sitzen zu sich rufen. Geben Sie das Kommando »Sitz und bleib«. Nun entfernen Sie sich einige Meter nach vorne vom Hund. Drehen Sie sich dann zu ihm um und bleiben Sie eine Zeit lang ruhig stehen. Dann rufen Sie ihn und fahren mit der Übung fort, wie oben beschrieben. Kommt der Hund zu langsam zu Ihnen, nachdem Sie ihn gerufen haben, laufen Sie rückwärts weg. So wird der Hund schneller.

Anwendungsbeispiele: Rufen Sie den Hund während des Spaziergangs immer wieder mal zu sich, sobald er im Begriff ist, eine bestimmte

Distanz zu überschreiten. Mehr als etwa 15 Meter sollte sich kein Hund von seinem Besitzer entfernen. Rufen Sie ihn nicht nur, wenn etwas Besonderes los ist, sondern auch ohne Anlass. Ansonsten lernt Ihr Hund, erst mal zu schauen, was es denn wieder Interessantes gibt.

Manchmal gibt es Situationen, von denen man weiß, dass sie den eigenen Hund zu unerlaubtem Verhalten animieren, etwa wenn er gern Spaziergänger anspringt oder schwimmende Enten jagt. Rufen Sie ihn zurück, solange Sie noch weit genug von dieser Stelle entfernt sind. Achten Sie auf ein korrektes Vorsitzen, denn dadurch wird der Blickkontakt des Hundes zu dem Objekt, das ihn interessieren könnte, unterbrochen.

»Steh«

Dazu nimmt man in die rechte Hand ein Leckerchen und lässt den Hund daran knabbern. Sitzt der Hund, animiert man ihn mit dem sich von seiner Nase nach vorn weg bewegenden Leckerchen zum Aufstehen. Mit der linken Hand streichelt man seinen Bauch. Dazu sagt man ruhig und gedehnt »Steehhh«. Anfangs lässt man den Hund nur kurze Zeit stehen, allmählich dehnt man die Zeit aus.

Anwendungsbeispiele: Diese Übung eignet sich gut für das tägliche Bürsten oder Abtrocknen nach einem Regenspaziergang. Auch beim Tierarzt ist dieses Kommando nützlich.

Eine Pflichtübung ist das Stehen für einen künftigen Ausstellungshund.

Die Leinenführigkeit

Der Hund sollte lernen, grundsätzlich nur an der lockeren Leine zu gehen. Er kann dabei ruhig vorausgehen oder etwas hinter Ihnen. Um das zu erreichen, sollten Sie sich von Anfang an nie vom Hund an der Leine irgendwohin zerren lassen. Weder zu einer Duftmarke, zu einem anderen Hund oder einem Menschen. Er muss lernen, Menschen und Artgenossen zu ignorieren, wenn er angeleint ist. Denn Sie haben ihn ja an der Leine, damit er bei Ihnen bleibt.

Macht er aber die Erfahrung, dass er mit Ziehen letztlich doch dahin kommt, wo er hin will, wird er das immer wieder tun. Zieht der Hund an der Leine, bleiben Sie sofort stehen, ignorieren den Hund und warten, bis er sich Ihnen zuwendet. Nun wird er gelobt, und Sie gehen wieder weiter. Geht der Hund an der lockeren Leine, loben Sie ihn.

Verbinden Sie dieses erwünschte Verhalten mit einem Hörzeichen, z. B. »Langsam«, wird der Hund das bald richtig verknüpfen.

So lernt der Hund das »Steh«: Zuerst wird er auf den Belohnungshappen aufmerksam gemacht (oben). Nun wird dieser nach vorn vom Hund weg geführt. Der Hund wird so angereg aufzustehen (Mitte). Wenn nötig, wird er durch leichte Berührung im Bauchbereich zum Stehen motiviert (unten).

»Bei Fuß«

»Bei Fuß« oder auch »Fuß« bedeutet, dass sich der Hund stets eng und mit dem Kopf auf Beinhöhe des Besitzers an immer dessen gleicher Seite, entweder links oder rechts, befinden muss. Menschen wie Artgenossen und sonstige Ablenkungsfaktoren hat er zu ignorieren. Rüden dürfen, während sie bei Fuß gehen und auch unter jedem anderen Kommando, nicht markieren. Die Leine sollte immer etwas durchhängen, egal ob der Hundeführer ruhig steht, langsam geht oder läuft.

Später soll der Hund auf jede Tempo- und Richtungsänderung selbstständig reagieren und auch ohne Leine korrekt bei Fuß bleiben. Der Hund muss jedoch nicht ständig zu Ihnen hinaufschauen. Er darf auch geradeaus schauen, sollte aber die Nase nicht dauernd am Boden haben. Sitzt der Hund »bei Fuß«, ist das die so genannte Grundstellung, mit der Sie jede Übungsstunde beginnen und beenden sollten. Der Hund sollte dabei parallel zum Hundehalter sitzen. Nicht, weil es schöner aussieht, sondern weil dann gewährleistet ist, dass der Hund nicht dorthin schaut, wo es für ihn was zu sehen gibt, sondern sich nach seinem Besitzer richtet.

1. SCHRITT: Suchen Sie sich als Erstes die Seite aus, auf der Sie den Hund »bei Fuß« führen möchten. »Traditionell« ist das die linke Seite. Falls Sie Prüfungen anstreben, sollten Sie dies beibehalten. Ansonsten gibt es keinen Grund, den Hund nicht rechts zu führen. Aber es muss immer die gleiche Seite bleiben.

Gehen Sie folgendermaßen vor:

Wollen Sie den Hund links führen, lassen Sie ihn an Ihrer linken Seite sitzen. Nehmen Sie ein Häppchen in die linke Hand. Stellen Sie die Leine auf die kürzeste Länge. Halten Sie sie locker in der rechten Hand, und zwar so, dass sie ein wenig durchhängt. Machen Sie Ihren Schüler nun mit interessanter Stimme auf das Leckerchen aufmerksam. Lassen Sie ihn daran lecken oder knabbern, während Sie den Arm gerade herunterhängen lassen. Nun gehen Sie relativ zügig los und nennen aufmunternd das Kommando; wiederholen Sie es ab und zu.

Achten Sie darauf, dass Sie das Leckerchen nicht so halten, dass der Hund den Kopf nach außen dreht oder zu weit vorn geht. Klopfen Sie mit der Hand ab und zu an Ihren Oberschenkel als zusätzliches Zeichen. Nach wenigen Metern lassen Sie Ihren Schüler sitzen und geben ihm das Häppchen. Gehen Sie anfangs geradeaus, bauen Sie aber bald Schlangenlinien und Kreise nach links und rechts ein. Lässt sich Ihr Hund leicht ablenken, achten Sie auch auf eine interessante, spannende Motivation mit der Stimme.

2. SCHRITT: Geht der Hund im normalen zügigen Tempo mit, beginnen Sie mit dem langsamen und dem Laufschritt. Kombinieren Sie beides aber am Anfang der Ausbildung nicht direkt miteinander, sondern bauen Sie dazwischen immer ein Stück normales Tempo ein. Beim Wechsel vom normalen in das langsame Tempo bremst man den Hund mit einem ruhigen, dämpfenden »Fuuß«. Gehen Sie bewusst ganz langsam. Den Wechsel vom normalen in den Laufschritt signalisiert man dem Hund durch ein aufmunterndes »Fuß«.

Während der Hund steht, knabbert er an der Belohnung. Dabei wird er am Bauch gestreichelt, und man nennt das Kommando.

So lernt der Hund »Bei Fuß«: Zuerst wird er mit einem Happen aufmerksam gemacht (links), dann nennt man das Kommando und geht zügig los (Mitte). Nach einer nicht allzu langen Strecke (je nach Konzentration des Hundes) hält man an, und der Hund bekommt seine Belohnung (rechts).

Ist der Hund fortgeschritten, können Laufschritt und langsamer Schritt direkt miteinander kombiniert werden. Der Hund lernt dann auch, aus dem Laufschritt anzuhalten.

3. SCHRITT: Die Freifolge, also »bei Fuß« ohne Leine, sollten Sie erst dann üben, wenn der Hund ohne Probleme angeleint bei Fuß geht. Gehen Sie genauso zügig los wie im normalen Tempo. Üben Sie ohne Leine anfangs nur kurze Strecken. Falls der Hund nicht korrekt geht, motivieren Sie ihn mit der Stimme und mit Locklauten, dicht an Ihrer Seite zu bleiben.

Vermeiden Sie häufiges Korrigieren durch den Griff ans Halsband. Besser ist es, dann wieder eine Zeit lang mit Leine zu üben.

4. SCHRITT: Wer möchte, kann seinen Hund sowohl rechts als auch links führen (dies ist beispielsweise für Agility notwendig). Dafür sind jedoch zwei verschiedene, gut unterscheidbare Kommandos nötig. Die zweite Seite sollten Sie aber nur mit dem fortgeschrittenen, routinierten Hund trainieren.

Anwendungsbeispiele: Bei Fuß sollte der Hund immer da gehen, wo viele Menschen sind oder viel Verkehr ist. Also z. B. in der Stadt oder an befahrenen Straßen. Nehmen Sie ihn z. B. auch bei Fuß, wenn Sie ihn an einem anderen Hund vorbeiführen möchten oder an frei laufenden Hühnern usw. vorbeimüssen.

Die Kehrtwende

Sie dient dazu, beim Bei-Fuß-Gehen flüssig von einer Bahn in die nächste zu wechseln. Im Folgenden wird davon ausgegangen, dass der Hund links geführt wird. Führen Sie den Hund rechts, gilt das Ganze seitenverkehrt.

1. SCHRITT: Gehen Sie aus der Grundstellung einige Meter bei Fuß. Halten Sie die Leine locker in der rechten Hand.

2. SCHRITT: Kehren Sie um, indem Sie sich nach links zum Hund hin drehen.

3. SCHRITT: Wechseln Sie hinter dem Rücken die Leine von der rechten in die linke Hand. Dabei führen Sie den Hund hinten um sich herum.

4. SCHRITT: Der Hund befindet sich wieder an Ihrer linken Seite. Nehmen Sie die Leine in die rechte Hand und gehen Sie zügig weiter.
Anwendungsbeispiele: Diese Übung muss der Welpe noch nicht lernen. Die Kehrtwende werden Sie weniger im Alltag verwenden. Wer aber seinen Hund auf Prüfungen führen möchte, kommt um sie nicht herum. Auch beim Üben des Bei-Fuß-Gehens können Sie sie zum flüssigeren Umkehren verwenden. Achten Sie darauf, dass der Hund, während er um Sie herumgeht, nicht stehen bleibt oder am Boden schnüffelt.

»Aus«

Sowohl der Welpe als auch der erwachsene Hund sollte sich jederzeit alles wegnehmen lassen. Wollen Sie ihm etwas aus dem Maul nehmen, gehen Sie ruhig zu ihm, nehmen den Gegenstand, den er hält, und sagen »Aus«. Falls er ihn abgibt, loben Sie ihn.
Wenn er das aber nicht tut, wenden Sie den Schnauzengriff an und drücken mit Daumen und Zeigefinger – je nach Hartnäckigkeit des Hundes mit mehr oder weniger Druck – die Lefzen gegen die oberen Eckzähne. So öffnet er seinen Fang, und Sie können den Gegenstand herausnehmen. Vergessen Sie das Loben nicht.
Anwendungsbeispiele: Tun Sie das ab und zu, um Ihre Vormachtstellung im Rudel zu festigen. Wichtig ist dieses Kommando, falls der Hund etwas aufnimmt, was gefährlich für ihn sein könnte oder wertvoll für Sie ist. Diese Übung ist sowohl für das spielerische als auch ernsthafte Apportieren notwendig.

»Bleib«

Dieses Kommando bedeutet, dass der Hund im Sitz, Platz oder Stehen genau an der Stelle bleiben muss, an die er gebracht wurde. Der Hundeführer entfernt sich und geht nach einer Weile zum Hund zurück.

1. SCHRITT: Sobald der Hund ruhig eine Zeit lang an Ihrer Seite sitzen, im Platz liegen oder stehen kann, können Sie wie folgt beginnen.

- Nehmen Sie die Grundstellung ein.
- Sichern Sie sich die Aufmerksamkeit Ihres Hundes.
- Nun sagen Sie zu ihm »Sitz und bleib«.
- Ändern Sie anschließend Ihre Position, so dass Sie Ihrem Hund mit etwa dreißig, vierzig Zentimeter Abstand gegenüberstehen. So bleiben Sie nun ein paar Sekunden stehen.
- Anschließend gehen Sie zum Hund zurück, so dass Sie wieder in der Ausgangsposition stehen.
- Hat der Hund im Platz oder Stehen gewartet, muss er diese Position so lange beibehalten, bis Sie ihn nach ein paar Sekunden sitzen lassen.

Gibt der Hund etwas nicht her, veranlasst ihn der Griff über den Fang, diesen zu öffnen (oben). Dann nimmt man den Gegenstand heraus (unten).

Die Leine, deren Ende Sie in der Hand behalten, muss bei dieser Übung immer locker durchhängen, damit keine Zugwirkung den Hund zum Mitgehen veranlasst.
Da das Bleiben vom Hund viel Ruhe verlangt, sagen Sie das Kommando immer ruhig und dämpfend, aber mit einem verbindlichen Unterton. Am Ende der Übung, also wenn Sie wieder beim Hund angelangt sind, wird er gelobt. Lobt man ihn schon vorher, kann es passieren, dass der Vierbeiner vor Freude aufspringt. Vermeiden Sie es, in der Tasche nach Leckerchen zu kramen, wenn Sie vom Hund entfernt sind. Auch das könnte den Hund dazu verlocken, die »Bleib«-Übung abzubrechen.
So wie es hier mit dem Sitzen beschrieben ist, verfahren Sie auch mit »Platz und bleib« und »Steh und Bleib«.
Dehnen Sie allmählich den Abstand vom Hund und die Zeit aus. Der Hund muss in allen drei Positionen exakt an der Stelle bleiben, wohin Sie ihn gebracht haben. Auch wenn er sich nur einige Zentimeter davon entfernt, sollte man ihn korrigieren.
Wenn Sie ihn korrigieren müssen, vermeiden Sie es, ihn beim Namen zu rufen, wenn er gerade im Begriff ist, aufzustehen. Sein Name animiert den Hund oft erst recht dazu, zu seinem Besitzer zu kommen. Nennen Sie in einem solchen Fall nur das Kommando.

HUND UND KOMMANDOS

So versteht Sie Ihr Hund

Um mit Ihrem Hund zu kommunizieren, sollten Sie sowohl Ihre Stimme als auch Ihre Körpersprache einsetzen.

- ✓ Achten Sie darauf, dass sich die Kommandos klar voneinander unterscheiden, und betonen Sie sie deutlich. Darauf kommt es an, nicht jedoch auf die Lautstärke.
- ✓ Sagen Sie nur das Wesentliche und sparen Sie sich Erklärungen, Fragen usw. Das kommt beim Hund nicht an.
- ✓ Wenn Sie ein Kommando durch Ihre Körpersprache, z. B. durch Sichtzeichen, und andere zum verbalen Ausdruck passende Bewegungen unterstreichen, wird Ihr Hund am besten verstehen, was Sie von ihm wollen.
- ✓ Eine Übung, die Ruhe erfordert, wie das »Bleib«, wird der Hund eher richtig machen, wenn Sie das Kommando ruhig sagen und sich ruhig bewegen, als wenn Ihr Tonfall aufgeregt klingt und Sie nervös hin und her laufen.
- ✓ Bei einer bewegungsintensiven Übung, wie beim Herankommen oder beim Bei-Fuß-Gehen, ist dagegen mehr »Action« des Hundeführers nötig.

Da es vom Stehen zum Gehen nur ein kurzer Weg ist, ist diese Variante am schwierigsten.

2. SCHRITT: Der Hund ist nun so weit, dass er eine Zeit lang ruhig und entspannt im Abstand der maximalen Leinenlänge sitzen, liegen und stehen bleibt. Beginnen Sie jetzt, im »Bleib« langsam vor dem Hund auf und ab zu gehen. Behalten Sie das Leinenende entweder in der Hand oder legen Sie die Leine bei einem größeren Abstand nach vorn auf den Boden aus, so dass Sie schnell darauf treten können, falls der Hund seine Position verlässt. Dehnen Sie auch hier den Abstand sowie die Dauer der Übung allmählich aus.

3. SCHRITT: Klappt auch diese Schwierigkeitsstufe ohne Probleme, folgt die nächste Lektion. Der Hund soll sich nun daran gewöhnen, auch dann sitzen, liegen oder stehen zu bleiben, wenn sein Mensch kurz aus seinem Blickfeld verschwindet.

Anstatt dem Hund gegenüber stehen zu bleiben oder auf und ab zu gehen, umkreisen Sie ihn jetzt. Anfangs nur einmal, dann öfter. Behalten Sie zu Beginn das Ende der Leine wieder in der Hand, achten Sie aber darauf, dass sie locker durchhängt. Bleibt der Hund ohne Probleme, wenn Sie ihn im Abstand der Leinenlänge umkreisen, können Sie die Entfernung steigern. Legen Sie die Leine dabei wieder wie beim 2. Schritt beschrieben aus.

Anwendungsbeispiele:

- Sobald der Hund über das Futter auf das Kommen trainiert wurde, lassen Sie den Hund vor der gefüllten, am Boden stehenden Schüssel mit »Sitz und bleib« je nach Können kurz oder auch länger sitzen. Erst auf das Auflösungshörzeichen hin darf er an sein Fressen gehen. Das festigt Ihre Rudelführerposition, und der Hund hat seine Belohnung für das Bleiben.
- »Sitz und bleib« empfiehlt sich auch nach dem Ableinen, bevor der Hund die Erlaubnis zum Laufen bekommt.
- Das »Platz und bleib« verwenden Sie z. B. bei Besuchern, die unsicher oder ängstlich dem Hund gegenüber sind. So können Sie ihn z. B. während des Kaffeetrinkens innerhalb des Zimmers etwas abseits ablegen.
- Auch wenn es an der Tür geklingelt hat und Ihr Hund zu stürmisch hinausdrängt, lassen

So vermittelt man die Übung »Bleib«: Nachdem der Hund das Kommando »Platz und bleib« erhalten hat (Bild links außen), entfernt man sich bei lockerer Leine ein kleines Stück (links Mitte). Nach kurzer Zeit kehrt man zum Hund zurück und lobt ihn (rechts Mitte). Dann lässt man ihn sitzen (rechts).

Sie ihn in der Diele abliegen, bis Sie nachgeschaut haben, wer kommt.

- Das »Steh und bleib« ist wichtig für Ausstellungen.

Aus dem Bleiben im Sitzen und im Stehen können Sie den Hund auch abrufen (siehe »Hier«, Seite 96 f.), aus dem Platz sollten Sie ihn immer abholen. Wer jedoch seinen Hund aus irgendeinem Grund lieber auch aus dem Platz abrufen möchte, sollte damit erst beginnen, wenn der Vierbeiner absolut zuverlässig auch außer Sicht (siehe Seite 103) liegen bleibt.

Hinweis für Welpen: Beginnen Sie mit dem Bleiben nicht zu früh. Denn je jünger der Hund ist, umso stärker ist sein Drang, Ihnen nachzulaufen. Und umso schwerer fällt ihm die Übung.

Auch wenn die Spielkameraden schon verlockend nah sind, bleibt der Hund nach dem Ableinen so lange sitzen, bis er vom seinem Menschen die »Starterlaubnis« bekommt.

Erziehungskurse

Der Besuch eines Hundeerziehungskurses ist sehr sinnvoll. Denn der Vierbeiner lernt dort, auch unter Ablenkung und in Gegenwart von Artgenossen zu gehorchen. Wie bei Welpenspielgruppen gibt es aber auch bei Ausbildungskursen Qualitätsunterschiede.

Merkmale guter Ausbildungskurse:

- Eine Gruppe umfasst idealerweise sechs bis acht, höchstens aber zehn Mensch-Hund-Teams. Viele abwechslungsreiche Übungen sind nur möglich, wenn nicht zu viele Teams in einer Gruppe sind.
- Die Hunde haben weitgehend das gleiche Ausgangsniveau.
- Der Trainer arbeitet auf der Grundlage der modernen Hundeerziehung, erklärt seine Methode und geht auf Fragen ein.
- Der Trainer kennt die charakteristischen Eigenschaften der verschiedenen Rassen und ist kompetent in Fragen der artgerechten Hundehaltung, der Entwicklung und des Verhaltens.
- Im Kurs werden nicht nur die einzelnen Übungen, sondern auch der richtige Umgang mit dem Hund vermittelt.
- Es wird abwechslungsreich und alltagsbezogen geübt.
- Im Kurs wird mit artgerechten Methoden gearbeitet. Stachel- und Würgehalsbänder werden weder empfohlen, noch sind sie eine Voraussetzung zur Teilnahme.
- Es wird auch theoretisches Wissen rund um den Hund vermittelt.

Wer einen Kurs macht, sollte sich allerdings darüber im Klaren sein, dass dies nur dann etwas bringt, wenn der Umgang mit dem Hund zu Hause stimmt, das Gelernte auch im Alltag umgesetzt wird und man auch nach Kursende mit dem Training »am Ball« bleibt.

Darf der Hund im Alltag tun und lassen, was er will, wird er keinen Anlass sehen, sich auf einem Übungsplatz zwei Stunden wöchentlich nach seinem Besitzer zu richten.

ÜBUNGSPLAN FÜR DIE GRUNDERZIEHUNG

Dieser Übungsplan enthält einige Übungen, die auch im Erziehungsplan für Welpen enthalten sind. Wer mit seinem Welpen schon geübt hat, steigt bei diesem Übungsplan entsprechend dem Können des Hundes auf einem höheren Niveau ein.

Pro Abschnitt rechnen Sie in etwa mit einer Woche. Je nach Hund und zeitlichem Aufwand kann es aber auch länger dauern. Gehen Sie aber immer erst dann zur nächsten Schwierigkeitsstufe über, wenn das Vorangegangene vom Hund sicher beherrscht wird. Geübt wird jeweils nicht nur das neue Pensum, sondern auch die vorangegangenen Übungen.

Wann?	Welche Übungen lernt der Hund?	Wo nachzulesen?
Erster Abschnitt	➤ »Sitz« neben dem Besitzer.	siehe Seite 94
	➤ »Hier« in Verbindung mit den Mahlzeiten (noch kein Vorsitzen).	siehe Seite 96
	➤ »Bei-Fuß-Gehen« mit Schlangenlinien und Kreisen.	siehe Seite 99
	➤ Sobald das Sitzen klappt, mit dem Platz beginnen.	siehe Seite 94
Zweiter Abschnitt	➤ »Hier« außerhalb der Mahlzeiten, aber nur innerhalb der Wohnung (ohne Vorsitzen).	siehe Seite 96
	➤ »Sitz« und »Platz« neben dem Besitzer auf mehrere Minuten ausdehnen.	siehe Seite 95
	➤ »Bleib« im Sitz und Platz: an durchhängender Leine vor dem Hund stehen bleiben.	siehe Seite 101
Dritter Abschnitt	➤ Kommen auf Ruf aus dem Garten (ohne Vorsitzen).	siehe Seite 96
	➤ »Bei-Fuß-Gehen« in langsamem Tempo.	siehe Seite 99
	➤ »Bleib« im Sitz und Platz: an durchhängender Leine vor dem Hund hin- und hergehen.	siehe Seite 103
Vierter Abschnitt	➤ Beim »Bleib« Entfernung auf maximale Leinenlänge und auch die Zeit allmählich ausdehnen.	siehe Seite 103
	➤ »Bei-Fuß-Gehen« im Laufschritt.	siehe Seite 99
	➤ Kommen auf Ruf draußen an langer Leine und ohne Ablenkung (ohne Vorsitzen).	siehe Seite 97
Fünfter Abschnitt	➤ »Bleib« im Sitz und Platz: Hund umkreisen.	siehe Seite 103
	➤ Entfernung und Dauer weiter ausdehnen, Leinenende dabei auf den Boden legen.	siehe Seite 103
	➤ »Bei-Fuß-Gehen« unter mehr Ablenkung üben.	siehe Seite 100
	➤ Wenden und kleine Kreise nach links und rechts einbauen.	siehe Seite 100
	➤ »Hier« aus dem »Sitz und bleib«, jetzt mit Vorsitzen und hinten herumgehen.	siehe Seite 97
Sechster Abschnitt	➤ Bei allen gut funktionierenden Übungen zunehmend mehr Ablenkung einbauen.	
	➤ Sobald »Bei Fuß« an der Leine optimal klappt, mit der Freifolge beginnen, zuerst nur kurze Strecken, dann immer längere.	siehe Seite 100

PRAXIS

Spaziergang mit dem besser ausgebildeten Hund

Dies ist ein Beispiel für einen Spaziergang mit einem Hund, der die Grundausbildung bereits absolviert hat.

Der Ausflug beginnt:
Sie packen einige portionierte Leckerchen sowie ein Spielzeug und den Beutel für die Entfernung von Hundekot ein. Lassen Sie den Hund an der Tür sitzen und leinen Sie ihn an.

Nun starten Sie mit dem Hund bei Fuß den Spaziergang. Ihr Weg führt Sie an einem Garten vorbei, hinter dessen Zaun ein wütend bellender Hund auf und ab rennt. Lenken Sie die Aufmerksamkeit mit interessanter Stimme oder Spielzeug auf sich und gehen Sie zügig weiter. Loben Sie den Hund, wenn er wie gewünscht reagiert.
Auf dem weiteren Weg hat er plötzlich einen Duft in der Nase und will in diese Richtung. Sie geben nicht nach und motivieren den Hund durch entschlossenes Weitergehen und mit der Stimme, bei Fuß zu bleiben.
Nun erreichen Sie das Freilaufgelände. Geben Sie dem Hund das Kommando »Sitz und bleib«. Umkreisen Sie ihn ein paar Mal. Nehmen Sie die Grundstellung ein und lassen Sie ihn mit dem richtigen Hörzeichen laufen. Auf Ihrem Weg treffen Sie einen Bekannten, mit dem Sie sich ein wenig unterhalten. Sie rufen Ihren Hund mit »Hier« bzw. Pfiff heran. Belohnen Sie ihn mit einem Häppchen und legen Sie ihn während des Gesprächs neben sich ins Platz. Nach der Verabschiedung lassen Sie ihn sitzen und gehen ohne Leine bei Fuß weiter – zuerst im normalen Tempo, dann langsam, wieder normal, anschließend im Laufschritt und wieder im normalen Tempo. Halten Sie an, der Hund sitzt. Jetzt darf er wieder laufen.
Nun fordern Sie ihn mit dem mitgenommenen Spielgegenstand zu einem gemeinsamen Spiel auf.

Trotz eines bellenden Artgenossen hinter dem Zaun bleibt der Hund durch Gehorsam und positive Motivation bei Fuß.

Bleibt der Hund sitzen, wenn sich ein Jogger nähert, wird er mit einem Leckerchen belohnt.

Da nähert sich z. B. ein Jogger oder ein Reiter. Sie rufen Ihren Hund mit »Hier« oder Pfiff. Lassen Sie ihn sitzen oder abliegen, bis der Jogger oder Reiter an Ihnen vorbei ist. Loben Sie ihn, wenn er sich ruhig verhalten hat, und lassen Sie ihn wieder laufen.
Ihr Weg führt Sie in ein belebteres, aber verkehrsarmes Gebiet, z. B. an einem Biergarten vorbei. Rufen Sie Ihren Vierbeiner mit »Hier« zu sich, geben Sie ihm ein Häppchen und legen Sie ihn mit »Platz und bleib« am Wegrand ab.

Kaufen Sie sich z. B. am Kiosk ein Eis oder bewegen Sie sich ein paar Minuten in einiger Entfernung vom Hund. Bleiben Sie jedoch in Sichtweite. Anschließend gehen Sie zu ihm zurück, loben ihn und lassen ihn wieder sitzen. Leinen Sie ihn an und gehen Sie bei Fuß weiter.
Ein Stück entfernt spielen zwei Hunde, was Ihren Vierbeiner sehr interessiert. Sie gehen jedoch bei Fuß weiter, weil Sie Ihren Hund im Biergarten nicht frei umherlaufen lassen wollen.
In ruhigerem Gelände treffen Sie wieder auf einige frei laufende Hunde. Ihr Vierbeiner möchte gern mitspielen. Sie lassen Ihren Hund sitzen, einmal Platz machen und wieder sitzen. Zur Belohnung darf er jetzt los starten. Nach ausreichendem Spiel mit seinen Artgenossen rufen Sie ihn wieder und bewegen sich sofort weg, sobald er Blickkontakt zu Ihnen aufnimmt. Ihr Hund folgt willig, bekommt sein Häppchen, und Sie treten den Heimweg an. Unterwegs bieten sich ein schmaler Bach und ein paar dünnere gefällte Baumstämme als Hindernisse für gemeinsame Sprungübungen an.
Jetzt kommen Sie wieder in eine verkehrsreichere Gegend. Sie nehmen Ihren Hund an die Leine und gehen bei Fuß nach Hause. Innerhalb des Grundstücks oder Hauses lassen Sie ihn zum Ableinen sitzen und geben ihm anschließend das Auflösungshörzeichen.

Zuverlässig wartet der abgelegte Hund, bis sein Mensch ihn wieder abholt.

Aufbau-programm

Der fortgeschrittene Hund

Hat der Vierbeiner seine Entwicklungsphasen gut verbracht und die Grunderziehung erfolgreich absolviert, können Sie ihn schon fast überall problemlos mit hinnehmen. Wenn es sein muss, kann er aber auch ein paar Stunden allein zu Hause bleiben. Da ein Hund gern lernt, Beschäftigung braucht und die Arbeit mit ihm auch den Zusammenhalt zwischen Mensch und Vierbeiner stärkt, sollte man sich jetzt nicht bequem zurücklehnen, sondern weitermachen. Anregungen finden Sie im Aufbauprogramm.

Ablegen außer Sichtweite

Bei dieser Übung wird der Hund mit »Platz und bleib« abgelegt und muss dort außer Sichtweite des Hundeführers auch unter Ablenkung so lange liegen bleiben, bis er vom Hundeführer wieder abgeholt wird. Weil der Hund zuverlässig und unter Umständen auch länger liegen bleiben muss, wird er für diese Übung immer ins Platz gelegt und aus dieser Position möglichst nie abgerufen, sondern abgeholt.

Hunde wollen beschäftigt werden. Grundsätzlich können Sie Ihrem Vierbeiner alles beibringen, wozu er sich ohne Zwang motivieren lässt und was ihn nicht überfordert.

1. SCHRITT: Legen Sie den Hund an einer Stelle innerhalb Ihrer Wohnung ab. Es sollte den Hund nichts ablenken. Bewegen Sie sich nun von einem Zimmer ins andere. So kann der Hund Sie zum Teil noch sehen, zum Teil aber nicht mehr. Die Zeitspanne, in der Sie »unsichtbar« sind, sollte anfangs nicht zu lang dauern, sondern erst allmählich ausgedehnt werden.
2. SCHRITT: Legen Sie den Hund wieder an einer beliebigen Stelle in der Wohnung ab und begeben Sie sich außer Sichtweite. Und zwar so, dass er Sie nicht mehr sehen kann, Sie ihn aber beobachten können. Beginnen Sie je nach Können mit etwa ein, zwei Minuten und steigern Sie die Zeit Ihrer Abwesenheit langsam.
3. SCHRITT: Gestalten Sie die Übung genau wie beim 2. Schritt, legen Sie den Hund aber jetzt im Garten ohne Ablenkung ab. Wer keinen Garten hat, sollte versuchen, den Hund in der Nähe der Wohnung abzulegen.
4. SCHRITT: Wenn Schritt 3 einige Minuten klappt, können Sie beginnen, den Hund während eines Spaziergangs abzulegen. Verstecken Sie sich hinter einem dichten Busch oder Ähnlichem wieder so, dass Sie Ihren Schüler im Auge haben. Dehnen Sie die Dauer des Ablegens immer mehr aus.

Der gut ausgebildete Hund wartet auch unter Ablenkung und außer Sichtweite seines Menschen, bis er abgeholt wird.

5. SCHRITT: Jetzt können Sie damit beginnen, durch das Ablegen an entsprechenden Stellen zunehmend mehr Ablenkungen einzubauen. Legen Sie den Hund z. B. am Wegesrand ab, wo ab und zu ein paar Spaziergänger oder Jogger vorbeikommen. Gehen Sie auch mal in die Fußgängerzone Ihrer Stadt und üben Sie dort. Anwendungsbeispiele: Wenn Sie kurz in ein Geschäft müssen, legen Sie den Hund davor ab.

Trainieren mit Sichtzeichen

Den Hund mittels Sichtzeichen zu einem bestimmten Verhalten zu veranlassen ist ein wertvoller Teil der nonverbalen Kommunikation und bringt Abwechslung ins Training. Unsinnigerweise sind Sichtzeichen in vielen Prüfungen nicht erlaubt. Trotzdem sollte man sich nicht davon abbringen lassen, sich auf diese Art mit seinem Hund zu beschäftigen. Einerseits ist die Verwendung von Sichtzeichen praktisch im Alltag, andererseits fördert es in besonderem Maß die Aufmerksamkeit des Hundes und regt die Leistungsfähigkeit seines Gehirns an.
Sichtzeichen können bereits beim Welpen in die Kommandos mit eingebaut werden. Auch der ältere Hund lernt das meist mühelos.

Sichtzeichen auswählen

Mit den Sichtzeichen ist es ähnlich wie mit den Kommandos. Sie müssen sich klar voneinander unterscheiden und dürfen nur in Zusammenhang mit der jeweiligen Übung gezeigt werden. Achten Sie am Anfang der Ausbildung darauf, dass das verbale Kommando exakt mit dem dazugehörigen Handzeichen kombiniert wird, damit der Hund das Richtige miteinander verknüpfen kann. Ob Sie die rechte oder linke Hand benutzen, bleibt Ihnen überlassen. Es sollte aber für ein Kommando immer die gleiche Hand sein.
Folgende Handzeichen können Sie beispielsweise verwenden (siehe auch Zeichnungen unten):
»Sitz«: Erhobene Hand.
»Platz«: Von oben nach unten geführte Bewegung mit dem Arm.
»Hier«: Man klopft sich mit der flachen Hand (oder beiden) einmal auf den Oberschenkel.
»Fuß«: Man klopft sich mit der flachen Hand in

einer ausholenden Bewegung einmal seitlich an das Bein der Seite, auf der der Hund bei Fuß geht. Wurde der Hund mit zwei Kommandos darauf trainiert, auf beiden Seiten zu gehen, gibt man das Sichtzeichen auf der entsprechenden Seite.
»Bleib«: Beim Weggehen hält man dem Hund die nach unten gerichtete Handfläche vor das Gesicht.
»Steh«: Beide Arme werden mit erhobenen Händen nach vorn gestreckt.

Sichtzeichen anfangs einbauen

Beginnt man, dem Hund die Kommandos »Sitz«, »Platz« und »Bei Fuß« mittels Belohnungshäppchen beizubringen, werden die Handzeichen praktisch gleich mitgeliefert. Das über den Kopf gehaltene Leckerchen beim Sitz, das von oben nach unten geführte beim Platz sowie die Verwendung eines Häppchens beim Fuß-Gehen richten die Aufmerksamkeit des vierbeinigen Schülers bereits sehr schön auf die Hand und ihre Bewegungen.

Behalten Sie diese Bewegungen bei und präzisieren Sie sie, wie oben beschrieben, wenn Sie die Leckerchen abbauen. So lernt der Hund die Sichtzeichen automatisch.
Auch bei den anderen Übungen lernt der Hund, auf Sichtzeichen zu achten. Nachdem Sie eine Zeit lang Handzeichen und verbale Kommandos miteinander verwendet haben, rückt das Hörzeichen mehr und mehr in den Hintergrund. Nach ein paar Wochen reagiert der Hund allein auf Sichtzeichen.

Sichtzeichen später einbauen

Der andere Weg ist, dem Hund die Sichtzeichen erst dann beizubringen, wenn er die Hörzeichen bereits kennt.
1. SCHRITT: Überprüfen Sie, ob der Hund bei jedem Hörzeichen genau weiß, was er tun muss.
2. SCHRITT: Beginnen Sie mit den Übungen, die der Hund kann. Nennen Sie das Kommando und geben Sie gleichzeitig das Sichtzeichen. Achten Sie darauf, dass der Hund durch nichts

abgelenkt wird. Bei den schwierigeren Übungen bleiben Sie noch bei den Hörzeichen.
3. SCHRITT: Sagen Sie das Hörzeichen allmählich immer leiser und lassen Sie es schließlich ganz weg. Befolgt der Hund das Sichtzeichen, hat er das Geübte richtig verknüpft. Je nach Hund und Trainingspensum können Sie meist schon nach wenigen Tagen einen Erfolg feststellen.
4. SCHRITT: Nun können Sie dazu übergehen, auch bei den schwierigeren Übungen Sichtzeichen wie oben beschrieben einzuführen.
Anwendungsbeispiele: Unterhalten Sie sich gerade mit jemandem, können Sie Ihren Hund lautlos beeinflussen, ohne Ihr Gespräch zu unterbrechen. Hilfreich sind Sichtzeichen auch, wenn Sie nicht so gut bei Stimme sind.

Um einen Hund in vollem Lauf durch Sicht- oder Hörzeichen beeinflussen zu können, ist eine enge Zusammenarbeit von Mensch und Hund wichtig.

Abstoppen auf Entfernung

Bei dieser Übung lernt der Hund, sich in Entfernung vom Hundeführer auf das entsprechende Hörzeichen sofort zu setzen oder abzuliegen. Für diese Übung ist eine Pfeife äußerst nützlich. Gestoppt wird der Hund durch einen langen Pfiff. Aus dem Sitzen wird er gerufen oder abgeholt, aus dem Platz vorzugsweise nur abgeholt.
1. SCHRITT: Entscheiden Sie, mit welchem Kommando Sie den Hund stoppen wollen. Bei leicht lenkbaren, ruhigeren Hunden und solchen ohne ausgeprägten Jagdtrieb reicht normalerweise das Sitzen. Ansonsten sollte man sich für das Kommando »Platz« entscheiden.
2. SCHRITT: Nun lernt der Hund, den Pfiff mit dem entsprechenden Sicht- oder Hörzeichen zu verbinden. Er sollte sich dazu in Ihrer unmittelbaren Nähe befinden.
Angenommen, Sie haben das Sitzen gewählt und Ihr Hund beherrscht das Sichtzeichen, gehen Sie folgendermaßen vor: Geben Sie dem Hund das Signal und pfeifen Sie gleichzeitig. Setzt sich Ihr Schüler, wird er sofort gelobt. Kennt der Hund keine Sichtzeichen, nennen Sie das Kommando und pfeifen anschließend.
Falls der Hund gern einem Ball oder Ähnlichem nachläuft, können Sie das hervorragend für die Motivation zum schnellen Sitzen nutzen. Ist der Vierbeiner einige Sekunden ruhig sitzen geblieben, werfen Sie ihm seinen Ball, dem er nun mit dem Auflösungshörzeichen (nicht vergessen!) hinterherrennen darf.
3. SCHRITT: Sobald der Hund in Ihrer unmittelbaren Nähe auf Pfiff sofort sitzt oder liegt, gehen Sie dazu über, die Entfernung etwas zu steigern. Ist der Hund etwa zwei Meter von Ihnen entfernt, pfeifen Sie. Falls der Vierbeiner nicht richtig reagiert, gehen Sie ruhig zu ihm und führen ihn an die Stelle zurück, an der er war, als der Pfiff ertönte. Dort angekommen, pfeifen Sie noch einmal und bringen den Hund in die gewünschte Position.

Dieser Hund hat gelernt, sich unterwegs mit Kommando und Sichtzeichen stoppen zu lassen. In so manchen Situationen kann diese Übung helfen, Zwischenfälle zu vermeiden.

Manche Hunde laufen immer wieder zu ihrem Besitzer, um sich dorthin zu setzen oder zu legen. In diesem Fall ist es hilfreich, wenn eine Hilfsperson den Hund an einer etwa fünf Meter langen Leine hat und sich so postiert, dass der Hund beim Ertönen des Pfiffs nicht mehr weiterlaufen kann. Er soll nur durch das Straffen der Leine, nicht aber durch ein Zurückreißen gebremst werden.

4. SCHRITT: Klappt die Übung, wird die Entfernung allmählich gesteigert und auch unter dosierter Ablenkung trainiert. Gehen Sie erst dann zur nächsten Schwierigkeitsstufe über, wenn die Übung in der einfacheren Variante klappt.

5. SCHRITT: Kombinieren Sie das Abstoppen auch mit dem Abrufen aus dem »Sitz und bleib« oder wenn er frei läuft. Läuft er auf Sie zu, stoppen Sie ihn unterwegs mit Pfiff oder Kommando plus Sichtzeichen. Ist er etwas sitzen geblieben, rufen Sie ihn ganz zu sich oder holen ihn ab. Diese Übung sollten Sie nicht zu oft machen, um das freudige Kommen nicht zu beeinträchtigen.

Anwendungsbeispiele: Ist der Hund während des Spaziergangs ein Stück von Ihnen entfernt und sieht z. B. ein Reh aus dem Wald springen oder läuft auf eine Straße zu, können Sie ihn mit diesem Kommando stoppen.

Läuft der Hund gerade auf Sie zu und kreuzt z. B. ein Radfahrer oder Inline Skater seinen Weg, stoppen Sie ihn ab. Rufen Sie ihn erst zu sich, wenn der Radfahrer vorbei ist.

Voranschicken

Beim Voranschicken soll der Hund auf das Kommando »Voran« geradeaus in die Richtung laufen, die ihm gezeigt wurde. Er soll so lange laufen, bis ihn der Mensch mit »Sitz«, »Platz« oder »Steh« stoppt. Oder – wenn man die Übung mit dem Apportie-

So lernt der Hund »Voranschicken«: Die Übung beginnt mit »Sitz und bleib« (Bild links unten). Dann wird der Futternapf weggetragen, nach der Rückkehr zum Hund wird ihm die Richtung gezeigt. Auf das Kommando »Voran« läuft der Hund zum Napf, frisst sein Futter und erhält dann das Kommando »Sitz« (Bild oben, von links nach rechts). Nun geht man zum Hund, lobt ihn und holt ihn ab (rechts unten).

ren verbindet – so lange, bis er den Gegenstand gefunden hat. Den sollte er dann freudig bringen.

1. SCHRITT: Zu Beginn übt man dieses Kommando am besten auf einem Weg. Geben Sie dem Hund das Kommando »Sitz und bleib«. Nun gehen Sie einige Meter nach vorn von ihm weg und stellen gut sichtbar etwas Fressbares auf den Boden. Kann der Hund apportieren, legen Sie ihm statt des Futters sein Apportel dort hin. Kehren Sie zum Hund zurück. Aus der Grundstellung ermuntern Sie ihn nun mit »Voran« und z. B. durch den nach vorn deutenden linken Arm zum Loslaufen. Anfangs können Sie auch ein paar Schritte mitlaufen. Bleiben Sie aber an der Seite oder hinter dem Hund.

Hat er seine Belohnung gefressen, geben Sie ihm das Kommando »Sitz«, »Platz« oder »Steh«. Nach kurzer Zeit holen Sie ihn ab oder rufen ihn wieder zu sich. Hat der Vierbeiner ein Apportel gefunden, sollte er es gleich aufnehmen und freudig zurückbringen. Steigern Sie die Entfernungen langsam.

2. SCHRITT: Läuft der Hund vertrauensvoll voran, legen Sie das Futter oder das Apportel weniger gut sichtbar auf den Boden. Üben Sie z. B. in einem Gelände mit etwas höherem Gras.

3. SCHRITT: Nun lernt der Hund, auch dann voranzugehen, wenn er nicht gesehen hat, dass Sie etwas auf den Boden legen. Üben Sie das an der gleichen Stelle, an der Sie vorher den 2. Schritt geübt haben. So weiß der Hund, dass er normalerweise dort etwas findet.

Wollen Sie, dass Ihr Hund diese Aufgabe auch meistert, ohne etwas zu finden, sollten Sie das Futter jetzt weg lassen.

Mit Apportel und Futter gehen Sie so vor: Legen Sie den Hund außer Sicht ab und deponieren Sie Apportel oder Häppchen auf dem Boden. Nun holen sie Ihren Schüler ab und schicken ihn wie gewohnt voran.

4. SCHRITT: Jetzt soll der Hund auch in fremdem Gelände vorangehen. Nehmen Sie anfangs markante Punkte wie z. B. einen einzeln stehenden Busch zu Hilfe, wohin Sie den Hund schicken. So hat er einen Punkt, an dem er sich orientieren kann.

Mit zunehmendem Können sollte er auch in freiem Gelände arbeiten.

5. SCHRITT: Das Voran können Sie nach Lust und Laune und je nach Können Ihres Hundes variieren. Legen Sie ihm beispielsweise zwei Apportiergegenstände oder Futterbrocken aus und schicken Sie ihn nacheinander dorthin. Oder Sie legen vier Dinge, je eines nach vorn, nach hinten sowie rechts und links, aus. Mal sieht der Hund, dass dort etwas liegt, mal nicht. Anwendungsbeispiele: Diese Übung dient mehr der Abwechslung im Training als dem Umgang im Alltag. Aber vielleicht ergibt sich die eine oder andere Situation, in der Sie diese Lektion sinnvoll nutzen können.

Seitliches Einweisen

Genauso wie der Hund vorangehen kann, kann er auch lernen, sich nach links oder rechts schicken zu lassen. Am meisten Spaß macht diese Übung in Verbindung mit dem Apportieren. Aber auch mit Futter kann man es seinem Hund jederzeit beibringen.

1. SCHRITT: Lassen Sie den Hund sitzen (»Sitz und bleib«) und legen Sie in einer Entfernung von etwa ein bis zwei Metern rechts neben den Hund Futter oder sein Apportel auf den Boden. Nun bleiben Sie in ungefähr zwei Metern Entfernung gegenüber von Ihrem Vierbeiner stehen und warten eine kurze Zeit. Anschließend strecken Sie Ihren rechten Arm nach rechts und unterstreichen diese Richtung auch mit Ihrer Körperhaltung. Ermuntern Sie Ihren Hund mit der Stimme, sich das Futter zu holen oder sein Apportel zu bringen.

2. SCHRITT: Wenn die Übung mit einer Seite funktioniert, üben Sie auf die gleiche Weise die zweite Seite.

3. SCHRITT: Jetzt können Sie dazu übergehen, auf beiden Seiten gleichzeitig etwas auszulegen. Schicken Sie den Hund bevorzugt zuerst auf die Seite, auf der Sie zuerst etwas ausgelegt hatten.

4. SCHRITT: Legen Sie das Futter oder die Apportiergegenstände immer weiter vom Hund entfernt aus. Steigern Sie auch Ihre Entfernung zum Hund.

5. SCHRITT: Analog zum Voranschicken können Sie Ihrem Vierbeiner auch beim seitlichen

Einweisen zeigen, dann loszustarten, wenn er nicht gesehen hat, dass Sie etwas ausgelegt haben.
Anwendungsbeispiele: Auch diese Übung hat nicht unbedingt einen Bezug zum Alltag. Wie das Voranschicken dient sie allerdings der Abwechslung im Training und hält den Hund geistig fit.

Das Apportieren für den Alltag

Apportieren bedeutet, dass der Hund auf Kommando einen bestimmten Gegenstand zu seinem Besitzer bringt. Das Apportieren ist eine Verhaltensweise, die der Mensch gezielt züchterisch und in der Ausbildung formt und fördert.
Das Tragen ist für den Hund etwas Natürliches, denn auch der Wolf trägt Stücke seiner Beute zu seinem Fressplatz. Das Bringen jedoch ist etwas Unnatürliches. Kein Wolf würde seine Beute einem anderen bringen, außer den Welpen.
Da das richtige arbeitsmäßige Apportieren eine der anspruchsvollsten Gehorsamsübungen darstellt, kann im Rahmen dieses Buches nicht in ganzer Ausführlichkeit darauf eingegangen werden. Aber Sie bekommen im Folgenden Tipps, wie Sie dieses Verhalten ohne Zwang fördern können.
Der Bringtrieb ist jedoch nicht bei allen Hunden gleich ausgeprägt. Manchen liegt er bereits im Blut, wie etwa den Retrievern, andere wiederum finden gar keinen Spaß daran. Wenn Ihr Hund gern etwas herumträgt oder es liebt, einem Ball oder Ähnlichem hinterherzujagen, könnte er sich dafür eignen.
Hören Sie mit dem Üben immer auf, solange der Hund noch voll dabei ist. Ansonsten kann es sein, dass er die Lust verliert. Es gibt zum Beispiel Hunde, die nur ein bis zwei Mal ambitioniert apportieren und dann schon lustlos werden. Dann beenden Sie die Übung nach dem ersten Mal. Vielleicht freut er sich beim nächsten Mal schon mehr darauf.
1. SCHRITT: Loben Sie Ihren Vierbeiner immer, wenn er etwas trägt oder bringt. Ganz gleich, ob es Ihre eben liebevoll eingepflanzte Lieblingsrose oder eine halb verweste Maus ist.
2. SCHRITT: Wählen Sie einen bestimmten, nicht zu harten oder schweren Gegenstand für das Apportieren aus, z. B. einen Ball oder ein spezielles Apportierdummy. Dieses Apportel wird ganz gezielt nur für das Apportieren verwendet und anschließend wieder weggeräumt.
3. SCHRITT: Suchen Sie sich ein geeignetes Übungsgelände, am besten einen langen schmalen Flur oder einen beidseitig begrenzten schmalen Weg. Falls Ihr Hund »Beute« gern in seinen Korb trägt, postieren Sie sich neben diesen.
Üben Sie ohne Ablenkung. Jetzt wird das Apportel für den Hund interessant gemacht (siehe

Spielen, Seite 62). Erst wenn der Vierbeiner richtig »heiß« darauf ist, werfen Sie es einige Meter weg. Anfangs darf er gleich hinterherrennen. Loben Sie ihn sofort mit der Stimme, wenn er den Gegenstand aufnimmt. Nun laufen Sie rückwärts weg und locken ihn zu sich.

Apportiert der Hund gern, lassen Sie ihn beim Werfen in der Grundstellung sitzen oder halten ihn fest. Erst nach kurzer Zeit sagen Sie »Apport« oder »Bring« und lassen ihn laufen.

4. SCHRITT: Kommt er mit dem Apportel zu Ihnen, loben Sie ihn ausgiebig. Lassen Sie es Ihrem Hund dabei aber noch im Fang, damit er nicht den Eindruck bekommt, dass ihm seine »Beute« sofort abgenommen wird. Erst nach kurzer Zeit nehmen Sie es ihm mit dem Kommando »Aus« sanft aus dem Maul.

Falls der Hund das Apportel vor Ihre Füße legt, ist das für den »Hausgebrauch« ausreichend. Zur Belohnung werfen Sie es ihm wieder.

Möchten Sie das Training beenden, geben Sie dem Hund im Austausch entweder ein Spielzeug oder ein Leckerchen. Beenden Sie das Apportieren immer, solange der Hund noch voll bei der Sache ist.

Der Hund nimmt das Apportel zwar auf, bringt es aber nicht zurück: Versuchen Sie, den Hund zu locken. Falls er nicht reagiert, ignorieren Sie ihn einfach. Dadurch kommt mancher Hund darauf, dass er auf diese Art und Weise auch nichts mehr zum Nachjagen hat.

Übung Apportieren: Das Dummy wird geworfen, während der Hund ruhig sitzen bleibt (Bild links außen). Nun wird er mit »Apport« losgeschickt (links Mitte). Durch einige Schritte rückwärts animiert der Mensch den Hund, freudig mit dem Dummy zu kommen (rechts Mitte). Noch während der Hund die »Beute« hält, wird er ausgiebig gelobt (rechts außen). Erst dann folgt das Kommando »Aus« (oben).

Anwendungsbeispiele: Hat Ihr Hund das Apportieren begriffen, können Sie sich z. B. zu Hause Ihre Hausschuhe bringen lassen. Oder Sie »verlieren« unterwegs einen Handschuh und lassen ihn sich bringen. Apportieren ist, wie viele andere Übungen auch, sehr gut geeignet, um den Hund sowohl physisch wie auch psychisch auszulasten.

Der Hund am Fahrrad

Für sportliche Hunde, die nicht zu klein und massig sind, ist das Laufen am Fahrrad eine gute Beschäftigung. Neben der Bewegung trainiert es auch die Muskulatur. Deshalb wirkt es sich bei verschiedenen Gesundheitsproblemen positiv aus. Am Fahrrad soll sich der Hund im Prinzip verhalten wie beim Bei-Fuß-Gehen. Jeder Tempo- und Richtungsänderung soll er bei lockerer Leine selbstständig folgen. Am Rad läuft der Hund immer rechts, da er Sie so im Falle eines Falles nicht in Richtung Straße ziehen kann.

1. SCHRITT: Der Hund sollte bereits sicher bei Fuß gehen. Überlegen Sie sich ein Kommando für das Laufen am Rad, z. B. »Rad« oder »rechts«. Üben Sie mit dem Hund, wenn er schon etwas müde ist. So fällt ihm ruhiges Gehen leichter. Nehmen Sie den Hund an die Leine. Schieben Sie das Fahrrad auf Ihrer rechten Seite. Rechts vom Rad sollte der Hund gehen. Vor dem Start lassen Sie den Hund sitzen. Dann gehen Sie mit dem Kommando los. Gehen Sie Kurven und wechseln Sie auch das Tempo. Wenn Sie stehen bleiben, sollte der Hund sich setzen.

2. SCHRITT: Klappt das Vorangegangene, beginnen Sie, auf einem Weg ohne Verkehr mit dem angeleinten Hund zu fahren. Ändern Sie wieder ab und zu das Tempo und die Richtung. Wickeln Sie sich nie die Leine um die Hand!

Ein paar Hinweise: Zusätzlich zum Fahren können Sie dem Hund beibringen, auf das Ertönen der Fahrradklingel hin zu kommen. Klingeln Sie und geben Sie dem Hund sofort ein Häppchen. Nach einiger Zeit wird er den Zusammenhang verstanden haben.

Gehen Sie im Weiteren ähnlich vor wie beim Training für das »Hier« und die Pfeife beschrieben: Das heißt, wenn Sie mit dem Rad unterwegs sind und der Hund frei läuft, sollten Sie klingeln, wenn er von selbst kommt, und ihm sogleich etwas Fressbares »einwerfen«. Nach einiger Zeit klingeln Sie, während er auf Ihr Kommando hin zu Ihnen unterwegs ist, und eines Tages klingeln Sie, um ihn damit zum Kommen aufzufordern.

Im Fachhandel gibt es übrigens sehr empfehlenswerte Vorrichtungen, um den Hund weitgehend risikolos am Rad laufen zu lassen, ohne dass man die Leine in der Hand hält.

Anwendungsbeispiele: Ein guter »Nebeneffekt« des Radelns ist, dass der frei laufende Hund bes-

HUND UND GESUNDHEIT

Gesundheitliche Voraussetzungen beim Hundesport

Hunde wollen beschäftigt werden. Ob groß oder klein, für jeden findet sich dabei etwas. Selbst wenn ein Hund gesundheitliche Probleme hat, gibt es meist einen Weg, ein Beschäftigungsprogramm auf seine speziellen Bedürfnisse abzustimmen. Wer seinen Hund jedoch im Hundesport einsetzen will und eventuell Wettkämpfe im Auge hat, sollte seinen Vierbeiner beim Tierarzt gründlich durchchecken lassen.

- ✓ Erkrankungen des Bewegungsapparates, wie Hüftgelenksdysplasie, Bänderschwäche oder Osteochondrosen, schließen leistungsorientiertes Training in der Regel aus.
- ✓ Innere Erkrankungen, wie Herzfehler, können den Einsatz des Hundes im Sport unmöglich machen.
- ✓ Welpen und Junghunde bis zum Alter von etwa einem Jahr sollten grundsätzlich noch keine hohen Sprünge oder Ähnliches bewältigen.

ser Anschluss hält und meist schneller kommt, als wenn man zu Fuß ist. Denn mit dem Rad kann man sich schneller aus dem Staub machen. Lassen Sie den Hund nicht bei Hitze am Rad laufen und nicht ständig auf Asphalt. Überwiegend sollte er am Rad im Trab laufen.

Als Begleiter am Fahrrad eignen sich einige Hunderassen. Mit sorgfältigem Training und der richtigen Ausstattung macht dieses gemeinsame Tun Zwei- und Vierbeinern eine Menge Freude.

Fährtensuche für den Alltag

Bei der Fährtensuche lernt der Hund, eine vom Menschen gelegte Duftspur zu verfolgen. Dabei kann der Vierbeiner seinen Spürtrieb ausleben, ohne an Wildwitterung gewöhnt zu werden. Das Suchen kann man so gestalten, dass der Hund am Ende Futter als Belohnung findet oder etwas zum Spielen oder Apportieren. Da es nahezu jeder Hund liebt, mit seiner Nase zu arbeiten, ist das Suchen einer Fährte eine sehr sinnvolle Beschäftigung.

Für die Fährtensuche brauchen Sie eine etwa fünf Meter lange Leine, ein breites Halsband oder ein Fährtengeschirr, eine etwa zwei Meter lange Schnur, ein Stück Rindfleisch oder Ähnliches sowie Futterstückchen oder ein Apportel.

1. SCHRITT: Suchen Sie ein Gelände mit eher niedrigem Bewuchs. Legen Sie den Hund einige Meter neben dem Startpunkt ab. Er soll beobachten können, was Sie tun. Markieren Sie den Anfang der Fährte mit einem Stöckchen. Binden Sie das Stück Fleisch an eine Schnur. Sie können an der Schnur auch ein Apportel, z. B. ein Dummy, befestigen und dieses mit dem Fleisch oder einem Stück Wurst einreiben.

Bei der Fährtensuche sollte es vor allem am Anfang der Ausbildung relativ kühl und windstill sein. So hält sich die Spur am besten.

Ausgangspunkt und Ende einer Fährte sollten deutlich voneinander entfernt sein, die Haken im Fährtenverlauf in einem stumpfen Winkel verlaufen. Achten Sie darauf, dass Sie die Fährte beim Zurückgehen weiträumig umgehen.

2. SCHRITT: Treten Sie am Ansatzpunkt der Fährte, also am Beginn, einige Male auf der Stelle und reiben Sie auch das Futter ein paar Mal hin und her. Dann gehen Sie in kleinen Schritten einige Meter geradeaus. Das Futter an der Schnur ziehen Sie auf Ihrer Spur hinter sich her.

Bei der freien Suche wird die Leine nur durch das Halsband gezogen. Hat sich der Hund festgesaugt, lässt man ein Leinenende los – der Hund ist frei.

3. SCHRITT: Am Ende der Fährte angekommen, legen Sie die Futterstückchen oder das Apportel auf den Boden. Gehen Sie nun in großen Schritten von der Fährte weg und in einem großen Bogen zum Hund zurück.

4. SCHRITT: Gehen Sie mit dem Hund bei Fuß zum Ansatzpunkt. Zeigen Sie ihm durch Ihr Verhalten, dass hier etwas ganz Interessantes ist. Spürt der Hund der Fährte nach, muntern Sie ihn mit »Such« auf und lassen Sie ihm die Leine etwas länger. Er sollte ruhig suchen, nicht zu hektisch. Falls er von der Fährte abkommt, zeigen Sie sie ihm wieder und loben ihn, wenn er die Duftspur wieder aufgenommen hat.

5. SCHRITT: Am Ende der Fährte angekommen, wird der Hund sehr gelobt und findet seine Belohnung. Hunde, die apportieren können, sollten nun ihr Apportel aufnehmen. Laufen Sie dann mit dem Hund auf dem kürzesten Weg zum Ausgangspunkt zurück. Erst dort nehmen Sie Ihrem Schüler das Apportel ab.

6. SCHRITT: Hat der Vierbeiner die Übung verstanden und verfolgt die Spur sicher und zielstrebig, legen Sie den Hund beim Legen der Fährte außer Sicht ab. Beginnen Sie die Fährten

zu verlängern. Sie können auch Haken in Form stumpfer Winkel einbauen. Erst einen, mit zunehmendem Können mehrere.
Damit Sie genau verfolgen können, ob der Hund auf der Fährte arbeitet, sollten Sie den Verlauf unauffällig, z. B. mit kleinen Stöckchen, markieren. Besonders die Haken. Folgt der Hund zwar dem genauen Fährtenverlauf, aber in einem gewissen Abstand zu der von Ihnen gelegten Spur, hat der Wind die Witterung vom ursprünglichen Verlauf weggetragen. Aber auch so findet der Hund das Ende der Fährte.
Hunde, die sicher auf der Fährte sind und zuverlässig apportieren, werden, nachdem sie sich »festgesaugt« haben, abgeleint (siehe Zeichnung, Seite 120). Sie verfolgen die Fährte selbstständig und bringen das Apportel auf dem kürzesten Weg zurück.
7. SCHRITT: Je besser Ihr Hund wird, desto mehr können Sie die Anforderungen erhöhen. Beginnen Sie jetzt auch, die »Stehzeit« der Fährte zu verlängern. Vom Legen der Fährte bis zur Arbeit des Hundes lässt man nun einige Zeit vergehen: anfangs eine halbe Stunde, später auch mehrere Stunden. Sehr gut ausgebildete Hunde verfolgen sogar Über-Nacht-Fährten.
Anwendungsbeispiele: Die Fährtensuche für den Alltag ist in erster Linie wertvoll für die artgerechte Beschäftigung des Hundes. Wie alle Übungen stärkt auch dieses Training durch die intensive Zusammenarbeit zwischen Mensch und Hund die Bindung zwischen beiden.

Hundesport im Verein

Viele Hundebesitzer möchten sich mit ihren vierbeinigen Freunden im Kreis Gleichgesinnter beschäftigen oder auch an Wettbewerben teilnehmen.

ÜBUNGSPLAN FÜR DEN FORTGESCHRITTENEN HUND

Der folgende Übungsplan zeigt am Beispiel des Apportierens, wie Sie Übungen aus dem Aufbauprogramm sinnvoll kombinieren können. Anmerkung: Für Hunde, die nicht apportieren, kann man diesen Übungsaufbau statt mit dem Apportel mit Futter gestalten.

Wann?	Welche Übungen lernt der Hund?	Wo nachzulesen?
1. Schritt	➤ Fördern des Apportierens mit steigenden Entfernungen. ➤ Parallel dazu das Abstoppen auf Entfernung (mit Sitz) üben.	siehe Seite 116 siehe Seite 112
2. Schritt	➤ Der Hund lernt das Kommando »Voran« und bringt das Apportel zurück.	siehe Seite 113
3. Schritt	➤ Der Hund lernt, sich seitlich einweisen zu lassen. ➤ Der Hund lernt zu apportieren.	siehe Seite 115 siehe Seite 116
4. Schritt	➤ Drei Apportel werden sowohl in gerader Linie als auch links und rechts vom Hundeführer und Hund ausgelegt. Der Hund wird aus der Grundstellung nacheinander in verschiedene Richtungen zum Apportieren geschickt.	siehe Seite 115
5. Schritt	➤ Wie 4. Schritt, aber der Hund wird, nachdem er in eine Richtung geschickt wurde, unterwegs per Pfiff abgestoppt und von dort aus per Handzeichen in eine andere Richtung eingewiesen.	siehe Seite 112, 113, 115

Wer einen Rassehund sein Eigen nennt, ist gut beraten, sich dem entsprechenden Rassezuchtverband anzuschließen. Hier bekommt man Tipps und Möglichkeiten zur rassespezifischen Ausbildung des Hundes. Denn durch die unterschiedlichen Verwendungszwecke und Zuchtziele der einzelnen Rassen eignen sich nicht alle Hunde für die gleiche Ausbildung. Adressen bekommen Sie beim VDH (siehe Seite 155). Allerdings ist es in manchen Verbänden mittlerweile so, dass für Ausbildungen und Prüfungen nur Hunde mit einer FCI-anerkannten Ahnentafel zugelassen werden.
Aber nicht nur mit Rassehunden mit FCI-Papieren, sondern auch mit anderen und Mischlingen kann man sich Vereinen anschließen.

Der Slalom ist eine der anspruchsvollsten Aufgaben auf einem Agilityparcours und erfordert ein hohes Maß an Konzentration. Dennoch haben die meisten Hunde Spaß dabei.

Begleithundeprüfung

Diese Prüfung wird in nahezu allen Vereinen und Verbänden angeboten und bildet sozusagen den Einstieg in die weiteren Sparten des Hundesports. Sie soll zeigen, dass der Hund im Alltag ein gehorsamer, führiger Begleiter ist. Die Prüfungen der einzelnen Verbände sind jedoch nicht alle gleich. Und nicht bei allen wird in alltäglichen Situationen gearbeitet. Für viele weitere Prüfungen im Hundesport ist die bestandene Begleithundeprüfung Voraussetzung.

Agility

»Agility« kommt aus dem Englischen und heißt so viel wie »Geschicklichkeit«. Bei dieser sinnvollen Freizeitbeschäftigung überwindet der Hund einen Geschicklichkeitsparcours, der aus vielen unterschiedlichen Hindernissen besteht. Da gibt es Hürden, eine Kletterwand, einen Laufsteg, die Wippe, einen Tunnel und eine Röhre, Slalomstangen und manches mehr. Es kommt darauf an, dass der Vierbeiner möglichst schnell und ohne Fehler ins Ziel kommt.
Für Agility ist es wichtig, dass der Hund einen sehr guten Gehorsam zeigt, leicht lenkbar ist und sich mit anderen Hunden verträgt. Denn er ist ohne Leine und meist auch ohne Halsband unterwegs. Der Hundeführer begleitet seinen Hund dabei, die Hindernisse muss er aber nicht nehmen. Er muss jedoch flink und reaktionsschnell sein.
Diese Sportart macht fast allen Hunden großen Spaß und findet immer mehr Anhänger. Gestartet wird bei Wettkämpfen in verschiedenen Klassen, die nach Größe der Hunde und nach ihrem Leistungsstand eingeteilt werden. Aber es kann auch nur zum Spaß trainiert werden.
Für diesen Sport ungeeignete Hunde: Dies sind Hunde, die sehr groß oder sehr massig sind. Zumindest für das gezielte Training muss der Vierbeiner frei von Erkrankungen des Bewegungsapparates sein. Bei kleineren »Gebrechen« kann

Auch das Überspringen von Hürden ist Teil mancher Hundesportarten. Sowohl beim Breiten- oder Turnierhundesport als auch bei Agility kommt diese Übung vor.

man dem Hund nach Rücksprache mit dem Tierarzt in vielen Fällen diesen Spaß durchaus gönnen. Allerdings ohne Wettkämpfe und auf niedrigem Niveau. Je nach Erkrankung können bestimmte Hindernisse ausgespart werden.

Obedience

Auch diese sportliche Aktivität mit dem Hund kommt aus Großbritannien. Übersetzt heißt »Obedience« Gehorsam. Diese ebenfalls empfehlenswerte Sportart, bei der man sich auch in Wettkämpfen mit anderen Teams messen kann, ist für nahezu alle Hunderassen geeignet.
Die Hunde absolvieren dabei in Gruppen die verschiedensten Gehorsamsübungen und werden, je nach Können, in verschiedene Klassen eingeteilt. Neben den grundlegenden Übungen, wie Bei-Fuß-Gehen, Sitzen, Ablegen und Kommen, wird auch das Verhalten Menschen gegenüber bewertet. In den höheren Leistungsklassen kommen Aufgaben wie das Apportieren, auch über eine Hürde, der Gehorsam auf Sichtzeichen wie auch das geruchliche Unterscheiden verschiedener Gegenstände hinzu. Also alles in allem eine recht abwechslungsreiche Sportart.

Flyball

Wie schon der Name andeutet, hat diese Sportart etwas mit fliegenden Bällen zu tun. Ursprungsland sind die USA. Von dort aus verbreitete sich diese Sportart, die besonders für Hunde mit hohem Spiel-, Bring- und Beutetrieb geeignet ist, über England und Holland auch zu uns. Mittlerweile gibt es auch Turniere. Beim Flyball startet der Hund auf Kommando allein los. Zuerst überwindet er vier Hürden und kommt dann zu einem kleinen Kasten aus Holz. Mit der Pfote betätigt er eine Art Pedal, um das Spiel auszulösen. Durch einen bestimmten Mechanismus wird jetzt ein Ball aus

Auch die A- oder Kletterwand ist in einigen Bereichen des Hundesports vertreten. Wie bei allen Hindernissen muss der Hund auch hier langsam damit vertraut gemacht werden.

dem Kästchen geschleudert, den der Hund fangen muss. Diesen Ball soll er nun auf schnellstem Weg zurück über die Hürden zu seinem Trainer bringen.

TEAM-dance

Team-dance nach Ekard Lind ist eine noch relativ neue Sportart, die die harmonische Kommunikation zwischen Mensch und Tier in den Vordergrund stellt. Team-dance bietet vielfältige Möglichkeiten, Sport und Musik im gemeinsamen Tanz von Mensch und Hund zu verbinden.

Breitensport

Auch diese Sportart beschränkt sich nicht auf bestimmte Rassen, sondern steht allen sportlichen Hunden und Menschen offen. Wie der zweite Name Turniersport sagt, finden auch Turniere statt. Breitensport umfasst vier Disziplinen: Gehorsamsübungen, Slalomlauf, Hürdensprung und einen Parcours. Ganz sportliche Teams können sich auch noch im Dauerlauf über zwei oder fünf Kilometer messen.
Sowohl der Hund als auch der Besitzer müssen bei dieser Sportart topfit sein, denn der Hundeführer begleitet seinen Vierbeiner. Beim Hürdenlauf muss auch er über die Hindernisse, nicht nur der Hund.
Beim Breitensport kommt es zwar auch auf das Tempo an, großer Wert wird jedoch auf einen sehr guten Gehorsam gelegt.

Zughundesport

Dass Hunde früher vor Wagen gespannt wurden, um Lasten zu befördern, ist heute vielerorts schon in Vergessenheit geraten. Doch derzeit erlebt diese Art der Beschäftigung vor allem in Österreich ein Comeback.

Für große, kräftige Hunde, die sich ja für andere Sportarten oftmals nicht so gut eignen, bietet der Zughundesport ein ideales Betätigungsfeld. Die Hundeführer werden mit ihren Hunden in speziellen Kursen dafür geschult. Die Vierbeiner werden einzeln oder zu zweit vor spezielle Wagen gespannt. Zughundesport lässt sich gut in den Alltag einbauen. Außerdem werden Trekkingtouren organisiert, Vorführungen gezeigt und gelegentlich auch schon Wettbewerbe ausgetragen. Dabei muss das Gespann einen Geschicklichkeitsparcours meistern.
Wer sich für diesen Sport interessiert, wendet sich an den Österreichischen Kynologischen Verband in Wien (Adresse siehe Seite 155).

Ausbildung zum Rettungshund

Wer für sich und seinen Hund eine Beschäftigung mit ernsthaftem Hintergrund sucht, für den könnte die Ausbildung zum Rettungshundeführer der richtige Weg sein. Ein künftiger Rettungshund sollte nicht zu groß und massig, aber auch nicht zu klein sein. Wichtig ist, dass er sich mit Artgenossen verträgt und physisch wie psychisch belastbar ist. Die Ausbildung erfolgt in den Rettungshundestaffeln verschiedener Organisationen wie z. B. des Roten Kreuzes oder des Technischen Hilfswerks.
Wer sich für eine solche Ausbildung entscheidet, muss wissen, dass die Arbeit als Rettungshundeführer kein Hobby im üblichen Sinn ist. Inlandseinsätze sind verpflichtend, auch wenn Sie der Alarm nachts um drei Uhr aus dem Schlaf reißt. Auslandseinsatze sind freiwillig.
Bei der Ausbildung zum Rettungshund gibt es zwei verschiedene Richtungen: den Rettungshund für die Trümmer- und den für die Flächensuche. Bei der Trümmersuche sucht der Hund nach verunglückten Personen in eingestürzten Häusern oder Ähnlichem, z. B. nach Explosionen oder Erdbeben. Bei der Flächensuche werden bestimmte Gebiete in normalem Gelände, also z. B. ein Waldstück, nach vermissten Personen abgesucht.
Auch der Hundeführer muss vieles lernen. Erste Hilfe, der Umgang mit Kompass und Karten, das Verhalten am Einsatzort und mehr stehen bei ihm auf dem Unterrichtsplan.
Die Ausbildung zum Lawinensuchhund fällt ebenfalls unter diese Art der Beschäftigung.

Rassespezifische Ausbildungen

Neben den Hundesportarten, die mehr oder weniger für alle Hunderassen und Mischlinge geeignet sind, gibt es auch solche Ausbildungen, die speziell auf die Eigenschaften bestimmter

Große Geschicklichkeit brauchen die vierbeinigen Sportler für das Springen durch einen Reifen (oben) oder das Fangen eines Frisbees (unten).

Rassen ausgerichtet sind. Diese Eigenschaften werden bei den einzelnen Rassen durch eine entsprechende Zuchtwahl gezielt gefördert. Soll ein Hund in die Zucht gehen, muss er häufig Leistungen in einer oder mehreren speziellen Prüfungen nachweisen.

Hütetrials: Diese Prüfungen werden für Hütehunde, wie etwa den Border Collie, veranstaltet. Dabei muss der Hund, nur durch Pfiffe und Zurufe gelenkt, einige Schafe treiben. Der Collie muss auf diesem Kurs in einer bestimmten Reihenfolge und innerhalb einer vorgegebenen Zeitspanne verschiedene Einzelaufgaben mit den Schafen lösen. Er muss z. B. einige Schafe von den übrigen abtrennen, sie durch ein bestimmtes Gatter treiben usw.

Apportierprüfungen: Das Apportieren liegt den Retrievern im Blut. Ihre Aufgabe ist es, geschossenes Wild oder Dummys zu bringen. Es gibt eine Vielzahl von Prüfungen, in denen Retriever ihre Fähigkeiten zeigen können. Bei den so genannten »Working Tests« z. B. müssen sie sich auch auf größere Entfernungen zuverlässig durch Pfiffe und Sichtzeichen vom Hundeführer in bestimmte Richtungen schicken und auch stoppen lassen. Dort suchen sie dann nach dem ausgelegten Dummy und bringen es zurück.

Schlittenhundrennen: Bei keinen anderen Hunderassen ist ihre Geschichte so eng mit dem Verwendungszweck verbunden wie bei den Schlittenhundrassen. Schlittenhunde waren für die Nordlandvölker lebenswichtig. In manchen Gebieten sind sie noch heute das wichtigste Fortbewegungsmittel. Schlittenhunde und Schlittenhundrennen sind auch bei uns verbreitet.

Gestartet wird in verschiedenen Klassen, die sich nach der Streckenlänge und der Zahl der vorgespannten Hunde richten. Der unbändige Wille zum Rennen sowie große Ausdauer und Robustheit sind charakteristische Merkmale eines Schlittenhundes.

Windhundrennen: Die eleganten Windhunde wurden ursprünglich als Hetzjäger für die Jagd auf Gazellen, Wölfe und anderes Wild eingesetzt. Heute führen viele von ihnen ein eher dekoratives Dasein. Damit sie auch heute noch einigermaßen artgerecht beschäftigt werden, veranstaltet der Windhundzucht- und Rennverband Windhundrennen. Jeweils mehrere Hunde einer oder ähnlicher Rassen verfolgen dabei über mehrere hundert Meter einen künstlichen, elektrisch betriebenen Hasen.

Schutzhundausbildung: Diese Ausbildung besteht aus drei Disziplinen: Unterordnung, Schutzdienst und Fährtensuche. Rassen wie Deutscher Schäferhund, Dobermann, Rottweiler und Boxer werden dafür gezüchtet.

Viele Rassen wurden oder werden für ganz bestimmte Aufgaben gezüchtet: Eine ursprüngliche Aufgabe der Sennenhunde war das Ziehen von Karren (oben). Bei der Arbeit an Schafen ist der Border Collie in seinem Element (Mitte). Ursprünglich Begleiter der Kutschen, ist der Dalmatiner auch heute ein guter Reitbegleithund (unten).

ÜBUNGSPLAN FÜR ZWEI ODER DREI HUNDE

Wer einmal einen guten Ausbildungskurs besucht hat, wird gemerkt haben, wie schnell die Hunde akzeptieren, dass sie nicht mit den anderen spielen können. Ist der Kurs dann aus, ist dieser Effekt meist schnell wieder weg, weil der Hund beim Spazierengehen häufig mit den anderen Vierbeinern nur spielt. Oft trifft man andere Hundebesitzer und ist dann zu zweit oder zu dritt unterwegs. Da könnte man leicht einen Teil des Spaziergangs gemeinsamen Übungen widmen. Im Folgenden finden Sie einige Anregungen, was man mit »Kleinstgruppen« üben könnte.

Wann?	Welche Übungen lernt der Hund?	Wo nachzulesen?
Einfachere Übungen	➤ 1. Die Hundebesitzer stellen sich in Grundstellung mit ihren Hunden einander gegenüber und unterhalten sich. Die Entfernung zwischen den Teams kann je nach Können variieren.	siehe Seite 99
	➤ 2. Alle Hundebesitzer machen »Platz« oder »Sitz und bleib«. Je nach Können bleiben sie vor dem Hund stehen, gehen auf und ab oder umkreisen ihren Hund.	siehe Seite 101 f.
	➤ 3. Übungen wie Punkt 1 und 2, ein Hundeführer geht jedoch mit seinem Hund bei Fuß um den/die anderen herum.	siehe Seite 99 f.
	➤ 4. Ein oder zwei Teams stehen in Grundstellung nebeneinander, der dritte Hundeführer ruft seinen Hund aus dem »Sitz und bleib« an den anderen vorbei ab.	siehe Seite 102
Etwas schwierigere Übungen	➤ 1. Alle Hunde machen »Bleib« (»Sitz«, »Platz« oder »Steh«). Alle Besitzer gehen um alle Hunde herum.	siehe Seite 102
	➤ 2. Alle Hundebesitzer lassen ihre Hunde in einer Reihe »Sitz und bleib« machen und rufen sie gleichzeitig ab.	siehe Seite 96 f.
	➤ 3. Wie Punkt 2, aber die Hunde werden in entgegengesetzte Richtungen abgerufen.	siehe Seite 96 f.
	➤ 4. Ein oder zwei Teams stehen in Grundstellung, der andere Hundebesitzer spielt in der Nähe mit seinem Hund.	siehe Seite 99
	➤ 5. Wie Punkt 4, die Hunde machen aber »Bleib«, die Besitzer gehen umher, während einer mit seinem Hund spielt.	siehe Seite 101

- Der Hund muss dabei einen »Scheintäter« aufspüren und verbellen. Flüchtet dieser, muss er ihn verfolgen und am künstlichen Hetzarm packen.
- Auch beim gestellten Überfall auf seinen Besitzer soll der Hund den »Täter« packen.

Um seinen Besitzer im Ernstfall zu verteidigen, benötigt ein Hund diese Ausbildung nicht. Da man in einer solchen Situation völlig anders reagiert als auf dem Hundeplatz, signalisiert dieses Verhalten dem Hund echte Gefahr.

Wer sich für die Schutzhundausbildung interessiert, sollte sich eingehend informieren und das Für und Wider genau abwägen. Besonders unsachgemäß oder nicht vollständig ausgebildete Hunde wie auch wesensschwache Vierbeiner mit einer solchen Ausbildung können zu einer ernsten Gefahr werden.

Rassen, die von ihrem Verwendungszweck her nicht für eine solche Ausbildung vorgesehen sind, sollten grundsätzlich nicht in dieser Weise trainiert werden.

PRAXIS

Unternehmungen mit dem fortgeschrittenen Hund

Der folgende Spaziergang sowie der Ausflug mit dem Fahrrad sind Beispiele für Unternehmungen mit einem Hund, der bereits einiges aus dem Aufbauprogramm gelernt hat.

Auch wenn rundherum einiges los ist, bleibt der gut ausgebildete Hund ohne Leine bei Fuß.

Spaziergang

Sie nehmen die Hundepfeife und packen zwei bis drei Apportel und ein paar Leckerchen ein. Sie leinen den Hund an und gehen bei Fuß los.

Nach ein paar Minuten halten Sie an, leinen den Hund ab und gehen in wechselndem Tempo frei bei Fuß weiter. Entgegenkommende Passanten und Hunde werden ignoriert. Nun erreichen Sie das Freilaufgelände. Sie lassen den Hund sitzen und geben ihn dann frei. Nach einiger Zeit pfeifen Sie ihn zu sich.

Frei bei Fuß gehen Sie weiter. Einige andere Hundebesitzer oder Spaziergänger sind unterwegs. Sie lassen Ihren Hund sitzen und gehen etwa zehn Meter weit weg. Warten Sie jetzt zwei bis drei Minuten und rufen oder pfeifen Sie ihn zu sich. Sie loben ihn und er bekommt ein Häppchen. Anschließend darf er wieder laufen. Als er in Ihre Richtung läuft, kommt eine Gruppe Radfahrer des Weges. Sie stoppen Ihren Vierbeiner mit Kommando oder Pfiff ab und lassen ihn so lange sitzen, bis die Radfahrer vorbei sind. Jetzt rufen Sie ihn.

Sie kommen an ein einige Meter breites, ungefährliches Gewässer mit einer Brücke. Etwa 20 Meter neben der Brücke am Ufer legen Sie den Hund ab und tragen ein Apportel auf die andere Seite des Gewässers. Dort legen Sie es so ab, dass der Hund Sie dabei sieht. Zurück beim Hund lassen Sie ihn Grundstellung machen und schicken ihn mit »Voran« durch das Gewässer zum Apportieren. Loben Sie ihn ausgiebig, wenn er zurückkommt.

Bevor Sie den Heimweg antreten, trifft Ihr Vierbeiner noch auf ein paar Artgenossen. Auf Ihre Erlaubnis hin darf er mit ihnen toben. Dann gehen Sie bei Fuß mit ihm nach Hause.

Radtour

Sie packen wieder wie gewohnt (siehe oben) die Tasche. Sie lassen den Hund sitzen, leinen ihn an und gehen zum Rad. Auf das entsprechende Kommando hin setzt sich der Hund an die rechte Seite des Rads. Sie fahren auf einem etwas breiteren Weg

Lässt sich der Hund über ein Gewässer zum Apportieren schicken, beherrscht er eine sehr anspruchsvolle Übung.

ohne Verkehr oder entgegenkommende Passanten. Nun fahren Sie Schlangenlinien, der Hund trabt an lockerer Leine neben Ihnen her.
Sie kommen an eine Straße und halten an. Der Hund setzt sich, Sie steigen ab. Nun schieben Sie das Rad über die Straße und fahren dann in wechselndem Tempo weiter. Der Hund läuft an lockerer Leine mit. Anschließend fahren Sie noch ein Stück normal, dann halten Sie an. Der Hund setzt sich. Sie leinen ihn ab und lassen ihn laufen. Gemütlich fahren Sie weiter. Ab und zu halten Sie an und lassen den Hund etwas apportieren, machen ein paar Unterordnungsübungen oder lassen ihn mit anderen Hunden spielen.
Es wird Zeit für den Rückweg. Sie rufen den Hund mit »Hier« und steigen wieder aufs Rad. Auf Kommando setzt er sich an die rechte Seite. Nun starten Sie.

Nach ein paar Metern geben Sie ihm das Kommando »Sitz und bleib« und fahren ein Stück weiter. Nun rufen Sie ihn mit der Fahrradklingel zu sich. Loben Sie ihn ausgiebig und geben Sie ihm ein Leckerchen. Jetzt rufen Sie ihn an die rechte Seite des Rads, lassen ihn sitzen, leinen ihn an und radeln nach Hause.

Bei Ausflügen mit dem Rad lassen sich Übungen wie »Sitz und bleib« und »Hier« durch klingeln gut einbauen.

KAPITEL 4

PROBLEMVERHALTEN UND LÖSUNGSWEGE

Grund-sätzliches

Was ist ein Problem?

Die wachsende Zahl von Hundepsychologen, Verhaltenstherapeuten, verhaltenskundlich orientierten Tierärzten und die zahlreichen Bücher zu diesen Themen zeigen es. Eine Menge Hundehalter haben Probleme mit dem Hund. Doch wann wird etwas zu einem Problem?
Zeigt der Hund ein Verhalten, mit dem sein Halter nicht klar kommt, hat er eins. Die »Schmerzgrenze« ist dabei ganz unterschiedlich. So ist es für manche Hundehalter schon ein Problem, wenn ihr Vierbeiner beispielsweise nicht ohne Hilfe ins Auto steigt, andere wiederum erkennen erst dann, dass etwas falsch läuft, wenn ihr Hund sie z. B. nicht mehr ins Bett lässt oder bereits gebissen hat.
So vielfältig die Schwierigkeiten mit Hunden sind, so verschieden sind auch ihre Ursachen. Wenn Sie feststellen, dass Ihr Hund sein Verhalten ändert, sollten Sie zuerst einen Tierarzt aufsuchen. Manchmal sind organische Erkrankungen Ursache von Verhaltensauffälligkeiten. Mögliche Auslöser für Problemverhalten können bestimmte Tumore oder hormonelle Störungen sein. Aber auch Schmerzen, Schwerhörigkeit, Taubheit oder Erblindung kommen in Frage. Im Folgenden finden Sie weitere Beispiele, aus denen häufig Probleme entstehen.

Probleme mit Hunden sind nicht selten und können vielfältige Ursachen haben. Die Vermenschlichung des Hundes ist ein sehr häufiger Grund und führt zu vielen Missverständnissen.

Die Vermenschlichung des Hundes

Den Hund auch als solchen zu betrachten und zu behandeln fällt vielen Menschen nicht leicht. Einerseits deswegen, weil dafür sehr viel Wissen notwendig ist, zum anderen aber auch deshalb, weil viele Hundebesitzer zu emotional sind und ihren Hund zu sehr mit menschlichen Maßstäben messen. Wer meint, sein Hund hätte es nur dann gut, wenn er umsorgt und verhätschelt wird, wenn sich alles nach ihm richtet und er »Kumpel«, Kind- oder Partnerersatz ist, muss sich nicht wundern, wenn eines Tages eine unklare soziale Rangordnung zu ernsten Schwierigkeiten führt.
Probleme entstehen, wenn man denkt, dass der Hund ein schlechtes Gewissen hat, eifersüchtig ist, seinen Besitzer ärgern möchte usw. Man behandelt den Hund dann falsch, und dieser ordnet das Verhalten des Menschen völlig anders ein, als man es erwartet.

Jede Hunderasse hat andere Eigenschaften und oft besondere Ansprüche. Eine gründliche Information vor der Anschaffung könnte viele Probleme ersparen.

Der falsche Hund

Ursache vieler Probleme ist eine ungünstige Mensch-Hund-Konstellation. Durch sorgfältige Planung und gründliche Information vor der Anschaffung können spätere Probleme leicht vermieden werden.

Die Wahl der falschen Rasse

Dies ist eine häufige Ursache von Problemen. Es gibt immer noch Menschen, die glauben, dass sich die Hunderassen lediglich im Aussehen unterscheiden. Da möchte jemand etwa einen Golden Retriever und entscheidet sich kurzerhand für einen Hovawart oder Kuvasz, weil die ja fast genauso aussehen. Oder ein aus einer Leistungszucht stammender Setter nützt als unterbeschäftigter Familienhund jede Ente, Katze und jedes Huhn, um unkontrolliert seinem angeborenen und aufgestauten Jagdtrieb zu frönen. In solchen und vielen ähnlichen Fällen ist es nicht verwunderlich, wenn man über kurz oder lang überfordert ist und mit Nachbarn, Freunden und Jägern Schwierigkeiten bekommt. Probleme, die durch die Wahl der falschen Rasse entstehen, sind meist nur dadurch zu korrigieren, dass die Haltungsbedingungen in einem mehr oder weniger großen Ausmaß geändert werden. Nicht immer ist das aber möglich.

Der Hund als »Medizin«

Oft kommt es vor, dass sich ältere, kranke, behinderte oder allein lebende Menschen einen Hund anschaffen. Manchmal bekommen sie ihn auch ohne »Vorwarnung« geschenkt. Bekanntlich wirkt sich ein Hund günstig auf Herz und Blutdruck aus und erleichtert soziale Kontakte. Ältere oder kranke Menschen sind jedoch meist nicht so beweglich und reaktionsschnell und psychisch oft nicht so belastbar.
Damit der vierbeinige Begleiter wirklich eine Bereicherung wird, muss er sehr sorgfältig aus-

gewählt und auf die Bedürfnisse des Menschen abgestimmt werden. Ansonsten schlägt der positive Effekt schnell ins Gegenteil um. Hunde, die in Erziehung und Haltung zu große Anforderungen stellen, können schnell zur ungesunden Belastung werden und soziale Kontakte zu Nachbarn und Freunden zerstören.

Passende Persönlichkeit

Passen Mensch und Hund von ihrer Persönlichkeit her nicht zusammen, können auch daraus Probleme entstehen. Wer etwa als weicher, wenig durchsetzungsfreudiger Mensch einen willensstarken, selbstbewussten Rüden besitzt, wird oft überfordert sein. Besonders wenn der Mensch obendrein vielleicht noch recht zierlich ist und der Hund vor Kraft strotzt.
Umgekehrt kann aber auch ein weicher Hund zu sehr unter Druck stehen, wenn sein Besitzer ein autoritärer, resoluter Mensch ist.

Schlechte Sozialisierung

Defizite in der Sozialisierung auf Mensch und Umwelt sowie schlechte Erfahrungen sind weitere Faktoren, die oft Probleme nach sich ziehen. Solche Schwierigkeiten können häufig wegen ihrer prägungsähnlichen Natur nur in geringem Umfang oder überhaupt nicht mehr korrigiert werden.
Probleme dieser Art findet man relativ oft bei Hunden, die von Massenzüchtern stammen oder von Tierschutzorganisationen vermittelt werden, z. B. bei Hunden, die halb verwildert im Ausland gelebt haben, ihr Leben lang isoliert im Zwinger gehalten oder misshandelt wurden.

HUND UND KASTRATION

Wann ist Kastration sinnvoll?
Eine Kastration ist kein Allheilmittel, kann aber in manchen Fällen zur Lösung eines Problems empfehlenswert sein.

Eine Kastration ist sinnvoll bei

- Rüden, die wegen eines übersteigerten Sexualverhaltens aggressiv gegen Geschlechtsgenossen und übermäßig hinter Hündinnen her sind. Wichtig ist aber, dass der Hund rechtzeitig, also spätestens mit eineinhalb bis zwei Jahren, kastriert wird. Ansonsten kann es sein, dass er sein Verhalten aus Gewohnheit beibehält.
- Hündinnen, wenn auf jede Läufigkeit eine ausgeprägte Scheinträchtigkeit folgt.

Eine Kastration ist nicht sinnvoll bei

- Hündinnen, die zur Dominanz oder einer damit zusammenhängenden Aggressivität neigen. Dadurch können sich diese Eigenschaften unter Umständen verschlimmern.
- vermeintlichen Problemen, deren Ursache rassespezifische Eigenschaften, mangelnde Beschäftigung oder »unbequemes«, aber normales Hundeverhalten sind.

Über den frühestmöglichen Zeitpunkt der Kastration gibt es verschiedene Ansichten. Einleuchtend erscheint aber, dass der Hund zum Zeitpunkt des Eingriffs ausgewachsen sein sollte.

Genetische Veranlagung

Manchmal werden Hunden bestimmte Eigenschaften, die später zu Problemen führen können, schon in die Wiege gelegt. Ängstlichkeit und Unsicherheit, Neigung zu aggressivem Verhalten sowie Nervosität oder eine niedrige Reizschwelle können gelegentlich schon angeboren sein. Eine bewusste oder unbewusste Selektion bei der Zucht auf solche Eigenschaften sowie zu wenig bewusste Selektion auf positive Eigenschaften können Gründe dafür sein. Bei Mischlingen kann eine ungünstige Kombination einzelner Rassen zu Schwierigkeiten führen.

Probleme tauchen auf

Um Schwierigkeiten in den Griff zu bekommen, gibt es verschiedene Möglichkeiten. Manche Probleme verschwinden durch wenige Änderungen des eigenen Verhaltens dem Hund gegenüber. Andere erfordern eine planmäßige Verhaltenstherapie. Anschließend finden Sie ein paar Hinweise, mit Problemen umzugehen.

Situationen aufschreiben

Notieren Sie sich auffällige Situationen. Welche Tageszeit, welcher Ort, welche Personen usw. standen im Zusammenhang mit dem problematischen Verhalten des Hundes? Durch gewisse Übereinstimmungen lassen sich oft mögliche Ursachen herausfinden.
Steht das Verhalten in Zusammenhang mit ähnlichen menschlichen oder »hundlichen« Silhouetten, der Nähe der Futterquelle, der Dämmerung usw., sind das beispielsweise wichtige Hinweise, die Rückschlüsse auf mögliche Ursachen zulassen.

Kompetente Hilfe suchen

Manchmal ist es jedoch notwendig, einen Verhaltenstherapeuten aufzusuchen. Leider ist es gar nicht so einfach, einen wirklich kompetenten Therapeuten zu finden. Wenn Sie einen Verhaltenstherapeuten suchen, fragen Sie am besten den Tierarzt oder wenden sich an die Universitätstierkliniken.
Aber auch außerhalb des tiermedizinischen Bereichs gibt es kompetente Therapeuten. Hinweise auf entsprechende Kompetenz sind, wenn solche Leute mit anerkannten, namhaften Wissenschaftlern in Kontakt stehen, Erfolge vorweisen können und nach den Grundsätzen der Verhaltensforschung arbeiten. Woran Sie einen guten Therapeuten und Trainer erkennen können, können Sie links nachlesen.
Manchmal ist schon der Besuch eines guten Hundeerziehungskurses (siehe Seite 104) sehr hilfreich. Fragen Sie Ihren Tierarzt oder andere Hundebesitzer nach kompetenten Trainern. Gelegentlich finden sich auch in den Tageszeitungen entsprechende Inserate.

HUND UND THERAPEUT

Den richtigen Tiertherapeuten finden
Wenn Sie einen Therapeuten suchen, sollten Sie auf Folgendes achten:

- ✔ Ein kompetenter Verhaltensberater arbeitet weder mit Starkzwang noch nach antiautoritären Gesichtspunkten. Er sucht nach der Ursache für ein Verhalten und korrigiert es mit Methoden der modernen Hundeerziehung und ihren Hilfsmitteln.
- ✔ Um ein Problem und seine Ursachen richtig einschätzen zu können, ist er unter anderem sehr gut über die einzelnen Rassen und ihre speziellen Eigenschaften und ihre Verwendung informiert.
- ✔ Auch über die Organisation der Hundezucht kennt er sich aus.
- ✔ Probleme löst er nicht am Telefon, sondern er sieht sich den Hund in jedem Fall persönlich an.

Das Halti ermöglicht, ohne Gewalt und artgerecht auf den Hund einzuwirken. Den richtigen Umgang sollte man sich von einem Trainer zeigen lassen.

Hilfsmittel in der Hundeerziehung

Um bei bestimmten Verhaltensweisen besser auf den Hund einwirken zu können, gibt es neben dem normalen Halsband und der Leine noch andere Hilfsmittel. Dies sind Hilfsmittel, die gute Trainer und Verhaltenstherapeuten anwenden, um gezielt bestimmte Verhaltensweisen zu formen, umzuformen und auszulöschen. Doch nicht jedes Mittel ist für jeden Hund geeignet. Eine unsachgemäße Anwendung kann auch Schaden anrichten. Deshalb sollten diese Hilfsmittel nur unter der Anleitung eines kompetenten Trainers angewendet werden.

Das Kopfhalfter

Das Kopfhalfter, auch unter der Bezeichnung »Halti« bekannt, hat sich schon bei vielen Hunden bewährt. Ist der Hund erst mal daran gewöhnt, wird er, zusätzlich zum Halsband, in ähnlicher Weise geführt wie ein Pferd mit Halfter. Der über dem Nasenrücken verlaufende Riemen imitiert bei entsprechender Handhabung den Schnauzengriff.
Das Halti erlaubt es, bei einem unerwünschten Verhalten des Hundes ohne Ruck oder sonstige starke Einwirkung dessen Blickkontakt zu dem auslösenden Reiz zu unterbrechen und seine Aufmerksamkeit wieder auf den Halter zu richten.

Click and Treat

Dieser Methode liegt das Lernen durch positive Bestärkung (siehe Seite 49) zu Grunde. Über die Verwendung im Delfintraining in den USA fand sie den Weg in die Hundeerziehung. Delfine sind nicht mit Leine oder Zügel zu beeinflussen. Deshalb mussten hier andere Methoden gefunden werden.
Der Hund wird dabei über das Futter auf ein ganz bestimmtes Clickgeräusch, eine Art Knack-

Mangelnde Beschäftigung ist eine häufige Ursache von Problemen. Besonders bei Hunden, die sehr aktiv sind, oder eine rassespezifische Leistungsbereitschaft mitbringen.

frosch, trainiert. Nach einer bestimmten Zeit wirkt das Clickgeräusch ohne die unmittelbare Gabe von Futter als Lob und positive Bestärkung für ein erwünschtes Verhalten.
Richtig eingesetzt, kann man mit dieser Methode erwünschte Verhaltensweisen formen.

Discscheiben

Bei dieser Methode wird der Hund über Frustration dahingehend beeinflusst, ein unerwünschtes Verhalten abzubrechen. Dieses Frustrationsverhalten wird durch entsprechendes Training über das Geräusch spezieller flacher Metallscheiben, den Discs, ausgelöst.

Plötzliche Geräusche

Dieses Prinzip wird ebenfalls zum Abbruch unerwünschten Verhaltens verwendet. Ziel ist es, den Hund bei einer »Missetat«, etwa beim Klauen, durch ein plötzliches Geräusch zu erschrecken. Dies kann erzeugt werden z. B. durch eine mit Steinen gefüllte Blechdose oder eine klappernde Wurfkette. Sie können auch Ihren Schlüsselbund verwenden. Dies empfiehlt sich aus nahe liegenden Gründen nur in übersichtlichem Gelände und bei niedrigem Bewuchs. Den Schreck darf der Hund nie mit seinem Halter in Verbindung bringen. Wendet sich der Hund anschließend seinem Halter zu, muss dieses erwünschte Verhalten sofort belohnt werden. Vorsicht bei lärmempfindlichen und sehr sensiblen Hunden!

Die lange Leine

Eine Leine von mehreren Meter Länge ist in vielen Situationen hilfreich. Sie erlaubt es, dem Hund beizubringen, innerhalb einer bestimmten Distanz zu bleiben und zuverlässig zu gehorchen. Da der Hund immer unter Kontrolle ist, macht er nicht die Erfahrung, dass er ein Kommando einfach ignorieren kann.

Eine lange Leine kann auch dazu verwendet werden, um dem Hund das Gefühl zu vermitteln, dass er am besten in der Nähe seines Halters aufgehoben ist und so die Bindung zu fördern.

Diese Übung geht so: Halten Sie nur die Endschlaufe in der Hand und denken Sie sich ein Viereck. Gehen Sie nun kommentarlos vom gedachten Punkt A etwa fünfzig Schritte zu Punkt B. Dort bleiben Sie stehen. Ignorieren Sie alles, was der Hund macht. Nur wenn er sich Ihnen zuwendet, wird er verbal gelobt.

Gehen Sie nun wieder etwa fünfzig Schritte zu einem gedachten Punkt C und verhalten Sie sich genauso wie vorher. Auch beim Punkt D wiederholen Sie das Ganze noch einmal. Gehen Sie nun zum Ausgangspunkt zurück. Dort bleiben Sie so lange stehen, bis sich der Hund in Ihrer direkten Nähe ruhig verhält. Loben Sie ihn jetzt durch Streicheln, Stimme oder Häppchen.

Damit der Hund möglichst wenig Selbstständigkeit entwickelt und gezielt nur eine positive Erfahrung macht, wenn er bei Ihnen bleibt, sollte diese Übung über mehrere Tage etwa zwei Mal pro Tag durchgeführt werden. Außerhalb der Wohnung sollte sich der Vierbeiner in dieser Zeit nur angeleint bewegen.

Variation: Eine weitere Möglichkeit ist die, den Hund an der langen Leine mit einem Ruck in der Distanz zu verunsichern. Zieht der Hund, geben Sie ihm die volle Länge der mehrere Meter langen Leine und gehen sofort und sehr zügig in die entgegengesetzte Richtung. So bekommt er einen Ruck an der Leine, der ihn aufmerksam macht. Befindet er sich wieder auf Ihrer Höhe, loben Sie ihn verbal, gehen aber ständig weiter. Behalten Sie nur die Endschlaufe in der Hand. Sobald der Hund wieder die Richtung ändert, schlagen Sie konsequent und zügig die entgegengesetzte Richtung ein. Etwa eine Viertelstunde zwei Mal täglich über mehrere Tage sollten Sie diese Übung machen. Wie bei der Viereck-Übung sollte der Hund in dieser Zeit auch hier draußen nicht frei laufen.

Zweifelhafte Hilfsmittel

Auf dem schier unüberschaubaren Markt für Hundezubehör gibt es auch viel, was nicht empfehlenswert ist. Hier ein paar Beispiele:

- Stachelhalsbänder, auch als »Erziehungshalsband« bekannt, sollten grundsätzlich nicht mehr verwendet werden. Ihr Einsatz ist nur noch dann und nur vorübergehend vertretbar, wenn wirklich keine andere Methode hilft und die Sicherheit des Hundeführers beeinträchtigt ist.
- Das gleiche gilt für die verschiedenen Geräte, die mit Stromimpulsen arbeiten. Nur in ganz besonderen Fällen, wo nichts anderes hilft und der Hund möglicherweise großen Schaden anrichten könnte, also z. B. bei notorischem Wildern, könnte es zum Einsatz kommen. Diese Geräte sollten jedoch nur von wirklich kompetenten Trainern eingesetzt werden.
- Im Handel sind auch alle möglichen Bei-Fuß-Trainer erhältlich. Häufig führen bei diesen Hilfsmitteln Riemen unter den Achseln des Hundes durch. Dies kann zu Hautverletzungen führen.

Nicht jedes »Problem« ist auch wirklich eins. Wer Hundehaare auf Teppichen oder nasse Pfotenabdrücke im Haus als Problem sieht, sollte lieber ein anderes Heimtier wählen.

Probleme und Lösungswege

Häufige Probleme beim Training

Im Folgenden werden kleinere und größere Probleme erläutert, die relativ häufig im Training auftreten. Mögliche Ursachen und Lösungswege sollen Ihnen helfen, damit zurechtzukommen.
Sind Sie sich aber nicht ganz sicher, ob Sie allein mit einem Problem zurecht kommen und welche Lösung für Ihren Fall die richtige ist, nehmen Sie kompetente Hilfe in Anspruch.

Schlampige Grundstellung

Eine korrekte Grundstellung ist wichtig, damit sich der Hund nach Ihnen richtet. Setzt er sich dagegen so hin, dass er hinschauen kann, wo er gerne hin möchte, ist er nicht aufmerksam. Manche Hunde sitzen zwar an der Seite, halten jedoch immer einen bestimmten Abstand zum Hundeführer.
MÖGLICHE URSACHEN:

- Der Hund lässt sich sehr leicht ablenken oder hat keine gute Bindung zum Halter.
- Der Besitzer hat sich nach seinem Hund gerichtet und es ignoriert.
- Er schätzt engen Kontakt zum Menschen nicht, weil er vielleicht nicht ausreichend sozialisiert oder mit Zwang korrigiert wurde.

LÖSUNGSWEGE: Gehen Sie bei Fuß längere Zeit bewusst an einer Begrenzung, z. B. an einem Gartenzaun oder einer Mauer entlang. Wenn Sie stehen bleiben, achten Sie darauf, dass der Hund auf Ihrer Höhe bleibt. So sitzt er dann automatisch richtig. Loben Sie ihn nur noch, wenn er korrekt sitzt. Machen Sie ihm das Sitzen an Ihrer Seite angenehm, indem Sie ihn mit dem ihm zugewandten Arm von außen an der Brust umfassen und streicheln.

Der Hund macht nicht Platz

Der Vierbeiner folgt dem Leckerchen nicht ganz auf den Boden, ignoriert das Kommando völlig oder befolgt es widerstrebend.
MÖGLICHE URSACHEN:

- Dem Hund wurde mit »Geh auf deinen Platz« beigebracht, auf sein Bett zu gehen. Jetzt weiß er nicht genau, was gemeint ist.
- Oder der Hund weicht der Übung aus, weil er starken Zwang damit verbindet.

Gibt es keine Probleme oder wurden vorhandene kleinere oder größere erfolgreich gelöst, können sich Zwei- und Vierbeiner mal wieder richtig entspannen.

In der richtigen Grundstellung sitzt der Hund eng bei seinem Menschen (links), dabei kann er sich leichter auf ihn konzentrieren. Sitzt der Hund schlampig (rechts), wird er leicht abgelenkt und ist nicht mehr so aufmerksam.

LÖSUNGSWEGE: Üben Sie nur mit dem Hund, wenn er Hunger hat. Belohnen Sie ihn mit etwas Fressbarem, das ganz besonders schmeckt. Damit der Hund sich legen muss, um an das Häppchen zu gelangen, gestalten Sie die Übung so, dass er unter einen niedrigen Hocker oder Ihr angewinkeltes Bein kriechen muss. Falls der Hund mit »Platz« sein Bett verbindet, wählen Sie für das Ablegen ein anderes Wort. Liegt der Hund irgendwo in der Wohnung zufällig von selbst im Platz, gehen Sie zu ihm, nennen Sie das Kommando und loben ihn.

Nicht heranrufen lassen

Im Garten oder im Freien

Mit oder auch ohne Ablenkung reagiert der Hund im Garten nicht auf das Kommando zum Kommen und lässt sich auch nicht holen.

MÖGLICHE URSACHEN:

- Der Gehorsam ist noch nicht zuverlässig.
- Die soziale Rangordnung ist nicht klar.

LÖSUNGSWEGE: Legen Sie dem Hund eine fünf bis zehn Meter lange Leine an, die er hinter sich herschleift. Welche Länge Sie wählen, hängt von der Geschwindigkeit Ihres Hundes und von Ihrem eigenen Reaktionsvermögen ab. Rufen Sie nur ein Mal. Kommt der Hund nicht, ziehen Sie ihn an der langen Leine zu sich her und loben ihn.

Er kommt nicht ganz her

Der Vierbeiner hält einen bestimmten Abstand vom Hundeführer oder springt um ihn herum.

MÖGLICHE URSACHEN:

- Der Hund wurde ein- oder mehrmals gestraft, weil er nicht sofort kam.
- Er hat die Leine negativ kennen gelernt und verbindet die Leine mit dem Kommen.
- Der Halter hat mit dem Hund schon einmal ein für den Vierbeiner äußerst spaßiges Katz-und-Maus-Spiel gemacht, wenn dieser nicht gekommen ist.

LÖSUNGSWEGE: Nehmen Sie auch hier die lange Leine zu Hilfe. Ist der Hund bei Ihnen, auch wenn das unfreiwillig geschah, loben und streicheln Sie ihn ausgiebig und geben Sie ihm ein Häppchen. So fasst er wieder Vertrauen.
Falls er nur aus Jux nicht kommt, merkt er dadurch, dass Ihr Einflussbereich doch weiter reicht, als er gedacht hat.
Im Haus versuchen Sie Ihrem Schüler über den Hunger das Kommen wieder schmackhaft zu machen. Vergessen Sie auch hier das Lob durch Stimme und Streicheln nicht.

Unkorrektes Vorsitzen

Beim »Hier« sollte man darauf achten, dass der Hund korrekt vorsitzt. Nicht wegen der Optik, sondern weil das auch bei dieser Übung eine Voraussetzung dafür ist, dass der Vierbeiner seine Aufmerksamkeit auf den Hundeführer richtet.
MÖGLICHE URSACHEN:

- Der Hundeführer macht sich zu wenig interessant für seinen Schüler.
- Beugt man sich zum Hund und streckt die Hände mit dem Leckerchen dem Hund entgegen, sitzt er automatisch zu weit vom Halter entfernt.
- Man hält die Hand mit dem Leckerchen mehr seitlich als vorn in Bauchhöhe.

LÖSUNGSWEGE: Merken Sie, dass der Hund seine Aufmerksamkeit auf etwas anderes richtet, machen Sie sich durch Rückwärtslaufen und eine motivierende Stimme interessant. Fixieren Sie den Blick des Hundes durch Klopfen mit den Händen auf den Bauch auf diese Bewegung.
Bleiben Sie aufrecht. Kurz bevor er bei Ihnen ankommt, bleiben Sie stehen. Sitzt der Hund nicht korrekt, ermuntern Sie ihn durch erneutes Rückwärtslaufen und Stoppen zum richtigen Sitzen. Achten Sie auf richtige Haltung Ihrer Hand und auf ein »reizvolles« Leckerchen.
Sie können auch eine lange Leine verwenden, die Sie, während der Hund auf Sie zuläuft, schnell verkürzen, so dass er nicht seitlich an Ihnen vorbeilaufen kann.

Zerren an der Leine

Zieht der Hund ständig an der Leine, egal ob er bei Fuß gehen soll oder nicht, ist das äußerst lästig und unangenehm.
MÖGLICHE URSACHEN:

- Der Hund ist körperlich nicht ausgelastet.
- Der Hund hat die Erfahrung gemacht, dass er dadurch zum Erfolg kommt.
- Die soziale Rangordnung ist mangelhaft.

LÖSUNGSWEGE: Lassen Sie sich nie vom Hund irgendwohin ziehen. Weder zu einem anderen Hund, noch zu einer noch so interessanten Duftmarke. Bleiben Sie konsequent kommentarlos stehen, sobald der Hund zieht. Erst wenn er sich Ihnen zuwendet und die Leine durchhängt, wird er gelobt.

Mittels passiver Einwirkung legt sich ein hungriger Hund letztlich meist doch von selbst ins Platz, um an das Leckerchen zu kommen.

Versuchen Sie, ihn mit ganz kleinen, schmackhaften Häppchen zu motivieren, die Sie ihm während des Bei-Fuß-Gehens zustecken. Die Häppchen müssen so klein sein, dass der Hund nicht stehen bleibt, um zu kauen.
Oft hilft es auch, mit dem Hund kleine, enge Kreise so zu gehen, dass der Hund innen läuft. Auf diese Weise schneidet man ihm gewissermaßen den Weg ab.
Häufiges Ändern der Richtung oder die nächste Stufe, die Verunsicherung in der Distanz (siehe Seite 99 f.), sind weitere Möglichkeiten, das unkorrekte Bei-Fuß-Gehen zu beeinflussen.
Als letzte Korrekturmöglichkeit bleibt der Ruck an der Leine während des Gehens, wenn alles andere keinen Erfolg bringt.

Probleme im täglichen Zusammenleben

Diese Probleme sind sehr vielfältig und führen oft zu Konflikten mit Mitmenschen. Es kann auch zu gefährlichen Situationen kommen. Falls Sie selbst nicht klarkommen, wenden Sie sich baldmöglichst an einen Experten.

Auf »Hier« soll der Hund möglichst nah zu seinem Menschen kommen, um sich auf ihn zu konzentrieren. Streckt man ihm dagegen die Arme entgegen, sitzt der Hund zu weit entfernt vor.

Anspringen von Personen

Junge Hunde und solche, die besonders menschenfreundlich sind, zeigen dieses Verhalten häufig. Was beim Welpen oft noch ganz putzig wirkt, wird bei großen, kräftigen oder schmutzigen Hunden schnell sehr unangenehm.
MÖGLICHE URSACHEN:

- Der Hund möchte nach Hundeart (Lecken der Mundwinkel) begrüßen.
- Er will die Aufmerksamkeit auf sich lenken, um etwas Bestimmtes zu erreichen.

LÖSUNGSWEGE: Wenn der Hund »Sitz« kann, geben Sie ihm dieses Kommando, wenn er Sie oder jemand anderen anspringen möchte. Belohnen Sie ihn dafür.
Eine andere Möglichkeit ist, sich um 90° zur Seite zu drehen. So erreicht der Hund das Gegenteil von dem, was er wollte. Die Aufmerksamkeit wird ihm entzogen. Handelt jeder so, den der Hund anspringt, wird seine Motivation erlahmen. Sorgen Sie dafür, dass niemand das Anspringen nett findet und dass der Vierbeiner dadurch nichts Positives erreicht.
Kommen Spaziergänger des Wegs, und gehorcht Ihr Hund nicht zuverlässig, nehmen Sie ihn rechtzeitig an die Leine.

Verfolgen von Joggern usw.

Das Verfolgen von sich schnell bewegenden Objekten ist unter Hunden weit verbreitet. Hoppelt ein Welpe einem Jogger oder einer Krähe hinterher, sieht das recht tollpatschig aus. Bei erwachsenen Hunden macht dieses Verhalten verständlicherweise vielen Leuten Angst und kann zu gefährlichen Situationen führen.
MÖGLICHE URSACHEN:

- Grundsätzlich liegt diesem Verhalten der Jagdinstinkt zu Grunde, der durch die schnelle Bewegung ausgelöst wird.
- Oft ist zusätzlich ein Energiestau des Hundes mit auslösend.

LÖSUNGSWEGE: Das Verfolgen und Jagen sollte von klein auf nicht toleriert werden. Sorgen

Sie für ausreichend körperliche und geistige Auslastung des Hundes. Lenken Sie seine Aufmerksamkeit auf eine Ersatzbeute wie einen Ball. Daran kann er seinen Beuteinstinkt ausleben. Hat der Hund ansonsten einen guten Gehorsam, geben Sie ihm beim Herannahen eines Joggers, Radfahrers usw. das Kommando »Sitz« oder »Platz«. Belohnen Sie dieses erwünschte Alternativverhalten.

Das Verfolgen kann aber auch mit einem negativen Reiz verbunden werden. Der negative Reiz in Form etwa eines scharfen Wasserstrahls aus der Spritzpistole, einer klappernden Blechdose oder eines Eimers mit Wasser muss dabei jedoch von dem verfolgten Objekt ausgehen. Die Situationen müssen gezielt herbeigeführt werden. Die mitwirkenden Personen sollten dem Hund aber nicht oder kaum bekannt sein.

Das Disc-Training kann zur Beeinflussung dieses Verhaltens der richtige Weg sein (siehe Seite 138). Kommt der Hund nach der negativen Einwirkung verdutzt zum Halter zurück, muss er freudig und ausgiebig für dieses erwünschte Verhalten belohnt werden.

Richtiger und falscher Einsatz von Belohnungshäppchen: Sitzt der Hund korrekt, erhält er seine Belohnung so, dass er sie im Sitzen (links) frisst. Wird das Leckerchen zu hoch gehalten (rechts), lobt man ihn fürs Hochspringen.

Überspringen des Zauns

Entgegen verbreiteter Meinung suchen nicht nur Rüden mit einem Sprung über den Zaun die Freiheit, um zu einer Angebeteten zu kommen. Hündinnen nutzen gleichermaßen diese Möglichkeit aus verschiedenen Gründen.

MÖGLICHE URSACHEN:

- Ist der Hund zu lange allein im Garten, wird ihm schnell langweilig. Jeder Außenreiz ist dann eine willkommene Aufforderung, sich Abwechslung zu verschaffen.
- Er hat eine läufige Hündin gerochen.
- Eine läufige Hündin hat sich von sich aus auf Freiersfüße begeben.

LÖSUNGSWEGE: Lassen Sie den Hund nicht unbeaufsichtigt und nicht zu lange allein im Garten. Sorgen Sie für ausreichende Beschäftigung. Hunde in »Hochzeitslaune« sollten besonders beaufsichtigt werden. Eine Möglichkeit zur Unterbindung ist eine »Strafe aus heiterem Himmel«, zum Beispiel durch Erschrecken des Hundes mit einem plötzlichen Geräusch, einem Wasserstrahl aus dem Gartenschlauch o. Ä. in dem Moment, in dem er zum Sprung ansetzt. Ein Training mit Discscheiben könnte hier in Frage kommen. Auch eine Erhöhung des Gartenzauns sollte in Betracht gezogen werden.

Verteidigen von Gegenständen

Ein Hund sollte sich jederzeit alles wegnehmen lassen. Aus Gründen der Rangordnung und weil er ja auch einmal an etwas geraten könnte, was gefährlich für ihn ist.

MÖGLICHE URSACHEN:

- Der Hund könnte bereits als Welpe die Erfahrung gemacht haben, dass er durch Knurren an der Futterschüssel die Geschwister beeindrucken konnte.
- Er hat in einer anderen Situation seinen Halter durch Knurren verunsichert.
- Scheinträchtige Hündinnen neigen oft zum Verteidigen von Spielzeug und Ähnlichem.

LÖSUNGSWEGE: Bei Scheinträchtigkeit sollten Sie den Tierarzt konsultieren.

Lassen Sie sich nicht beeindrucken, wenn der Hund durch Knurren sein Futter verteidigt.

Bei Welpen und kleineren Hunden wenden Sie den Schnauzengriff an und nehmen die Futterschüssel weg. Zeigt der Hund erwünschtes Verhalten, bekommt er seinen Napf wieder. Knurrt er erneut, ist der Napf wieder weg. Wer unsicher ist, kann sich einen festen Handschuh anziehen.

Lassen Sie Ihren Hund bei jeder Mahlzeit vor dem gefüllten Napf sitzen. Erst auf Kommando darf er an das Futter. Genauso machen Sie es mit Büffelhautknochen oder sonstigen begehrten Gegenständen. Bei größeren Hunden oder ausgeprägterem Verhalten richten Sie das Futter her und stellen es für den Hund gut riechbar, aber unerreichbar auf die Küchenanrichte. Essen Sie nun Ihre Mahlzeit. Erst danach bekommt der Hund sein Fressen.

In schwereren Fällen wird der Hund festgebunden, auch am Knochen oder Futternapf wird eine Schnur befestigt. Verteidigt der Hund seine »Beute«, ziehen Sie sie an der Schnur weg. Geben Sie dem Hund ein Kommando, etwa »Sitz« oder »Platz«. Befolgt er das und verhält er sich freundlich, bekommt er sein Futter wieder.

In hartnäckigen Fällen ist es empfehlenswert, den Hund über längere Zeit aus der Hand zu füttern, um seine Abhängigkeit gegenüber dem Halter zu steigern.

Angst vor Geräuschen und Gegenständen

MÖGLICHE URSACHEN:

- Der Hund ist generell sehr sensibel und vorsichtig.
- Mangelnde Sozialisierung mit Vorgängen im täglichen Leben kann ein Grund sein.

Diese Hunde haben gelernt, dass sie nicht immer spielen können, wenn sie einen Artgenossen treffen, und gehorchen auch in Anwesenheit anderer Hunde.

- Der Hund verbindet mit einem bestimmten Geräusch oder einem Gegenstand eine schlechte Erfahrung.

LÖSUNGSWEGE: Der Hund muss mit dem Geräusch oder dem Geräusch erzeugenden Gegenstand Positives verbinden. Die im Folgenden beschriebene Vorgehensweise lässt sich auch auf andere Situationen übertragen.

Beispiel »Angst vor dem Staubsauger«: Das Gerät wird ausgeschaltet in den Flur gebracht. Dem hungrigen Hund zeigt man nun, dass man besonders schmackhafte Häppchen auf den Staubsauger legt. Irgendwann wird der Hund zugreifen. Dies macht man ein paar Mal am Tag und bei Bedarf auch mehrere Tage, bis der Hund ohne Zögern das Futter nimmt.

Jetzt stellt man den Staubsauger an, und zwar auf die niedrigste, leiseste Stufe. Wieder werden Häppchen auf dem Gerät platziert. Auch das wiederholt man so lange, bis der Hund wieder ohne zu zögern das Futter nimmt. Dann schalten Sie auf die nächste Stufe und dann wieder die nächste, bis der Hund das Geräusch des Staubsaugers toleriert.

Bei Hypersexualität ist die Kastration eines Rüden durchaus ratsam. Begegnungen mit Artgenossen werden für Zwei- und Vierbeiner stressfreier, und der Rüde wird oft verspielter.

Angst vor dem Alleinsein

MÖGLICHE URSACHEN:

- Der Welpe wurde in der Sozialisierungsphase in Verbindung mit einer Situation, die ihm Angst machte zu früh alleingelassen.
- Die Bindung des Hundes an den Halter ist zu eng durch unklare soziale Rangordnung.

LÖSUNGSWEGE: Hat der Hund negative Erfahrungen in der Sozialisierungsphase gemacht, kann es sein, dass die Trennungsangst nie mehr ganz behoben werden kann. Versuchen Sie es minutenweise, wenn der Hund müde und satt ist. Manchen Vierbeinern erleichtert das laufende Radio das Alleinsein ein wenig, wenn ihnen dieses vertraut ist.

Bei einer zu engen Bindung gilt es, diese erst zu lockern. Das Hundebett sollte dazu in einen etwas abgelegeneren Teil der Wohnung gebracht werden. Der Hund sollte seinem Menschen in der Wohnung nicht mehr auf Schritt und Tritt folgen. Er muss weder mit ins Bad noch zur Toilette. Couch, Bett und Schoß des Hundehalters sind tabu. Aktivitäten wie Spielen, Streicheln usw. gehen nur noch vom Besitzer aus. Fordert der Hund diese Dinge, wird er ignoriert. Wenn die Bindung sich normalisiert hat, beginnt man, minutenweise die Wohnung zu verlassen.

Aggressivität

Aggressivität gegen Artgenossen

Aggressives Verhalten gegen andere Hunde ist ein relativ häufiges Problem. Meist verschlimmert es sich durch unbewusst falsches Verhalten des Hundeführers. Oft reagieren angeleinte Hunde aggressiver als frei laufende.

MÖGLICHE URSACHEN:

- Mangelnde Sozialisierung mit Hunden im Welpenalter wie auch schlechte Erfahrungen.

- Zu wenig Kontakt mit Hunden und zu wenig freier Auslauf.
- Hypersexualität bei Rüden.
- Auch angeborene Veranlagungen.

LÖSUNGSWEGE: Ein wichtiges Gebot ist, Ruhe zu bewahren. Wer schon beim Auftauchen eines fremden Hundes die Leine straff in die Hand nimmt, signalisiert seinem Hund »Achtung, da ist was los«.

Bringen Sie dem Hund von klein auf bei, dass er an der Leine Artgenossen zu ignorieren hat (siehe Hundebegegnungen, Seite 40).

Sorgen Sie dafür, dass Ihr Hund ordentlichen Hunger hat, wenn Sie spazieren gehen. Nehmen Sie etwas besonders Schmackhaftes mit und lenken Sie ihn mit diesem Futter ab, wenn ein anderer Hund angeleint des Weges kommt. Belohnen Sie Ihren Vierbeiner damit, wenn er den anderen Hund ignoriert oder ein Kommando, z. B. »Sitz«, befolgt hat. Auch der Einsatz des Kopfhalfters (siehe Seite 137) ist in solchen Situationen hilfreich, da man sofort den Blickkontakt zum Kontrahenten unterbrechen kann. Man kann den Hund außerdem an einen Maulkorb gewöhnen. So kann er frei laufen und Kontakt mit sozial intakten Hunden aufnehmen, ohne dabei Schaden anzurichten.

Bei Hypersexualität ist eine Kastration zu empfehlen (siehe Seite 135).

Aggressivität gegen Menschen

Dies ist sicherlich eines der unangenehmsten und gefährlichsten, aber auch eines der vielschichtigsten Probleme. Deshalb ist es hier unbedingt ratsam, trotz der nachfolgenden Tipps praktische Hilfe bei einem entsprechenden Hundefachmann zu suchen.

MÖGLICHE URSACHEN:

- Unzureichende Sozialisierung auf den Menschen wie auch schlechte Erfahrungen.
- Die Angst ist angeboren.
- Er verteidigt sein Revier oder Futter.
- Die soziale Rangordnung ist unklar und der Hund möchte sich im Rudel nach oben arbeiten.

Spiele mit einer fliegenden »Beute« können leicht in einer Rauferei enden, wenn sich die Hunde nicht kennen oder jeder die »Beute« für sich beansprucht.

LÖSUNGSWEGE: Inwieweit Probleme durch Misshandlung und fehlende Sozialisierung korrigiert werden können, kann generell nicht gesagt werden. Das hängt von vielen Faktoren ab. Löst Futterneid die Aggression aus, kann es helfen, den Hund an einer Stelle zu füttern, wo kein Besuch hinkommt.

Bei Rangordnungsproblemen muss die Familiensituation genau durchleuchtet werden, um richtig vorzugehen.

Hetzen von Tieren

Das ist ein besonders problematisches Verhalten. Das Jagen ist selbstbelohnend und verschafft dem Hund Lust, auch wenn er nichts erwischt. Äußerst ungünstig wird es jedoch, wenn der Hund auch noch Beute macht.

MÖGLICHE URSACHEN:

- Der Hund hat von seiner Rasse her einen ausgeprägten Jagdtrieb.
- Mangelnde Auslastung und überschüssige Energien.

LÖSUNGSWEGE: Bevor der Hund losstartet, zeigt er eine Phase der Orientierung (siehe Seite 19). Nur jetzt ist es in der Regel möglich, den Hund noch abzulenken, etwa durch Rascheln mit der Leckerchentüte, durch In-die-Hände-Klatschen und andere Aktionen.

Auch durch vorheriges Disc-Training oder Geräusche, die den Hund erschrecken, kann ein getimter Verhaltensabbruch erzielt werden.

Bei manchen Hunden hat sich das Kopfhalfter beim Freilauf bewährt. An den Ring, in den normalerweise die Leine eingehängt wird, könnte man dabei noch ein kleineres Teil mit etwas Gewicht hängen, z. B. einen Karabinerhaken. Dadurch erhöht sich der leichte Druck auf den Nasenrücken, was sich hemmend auswirkt.

Aber auch ans Halsband könnte man etwas Schwereres hängen, das dem Hund beim Laufen um die Vorderbeine schleudert.

Die Gewöhnung an gefüllte Packtaschen kann den Hund ebenfalls hemmen. Durch das Tragen der Packtaschen braucht er Energie.

Ein weiterer Lösungsweg wäre das Fährtensuchen. So sucht der Hund nur auf Kommando und kann seinem Spürtrieb ohne Wildwitterung kontrolliert nachgehen.

Der Hund klaut Lebensmittel

MÖGLICHE URSACHEN:

- Der Hund wird vom Tisch gefüttert.
- Unklare Sozial- und Futterrangordnung.
- Manche Hunde sind einfach nur extrem verfressen oder klauen, weil es ihnen sehr einfach gemacht wird.

LÖSUNGSWEGE: Lassen Sie nichts Essbares für den Hund erreichbar stehen. Falls Sie den Hund dabei beobachten, können Sie sein Verhalten durch Erschrecken mit einer klappernden Blechdose oder einer Wurfkette beeinflussen. Die Einwirkung muss dabei erfolgen, kurz bevor der Hund die »Beute« nimmt.

Präparieren Sie ein Stück Wurst oder Ähnliches z. B. mit scharfem Pfeffer oder Essigessenz. Manche Hunde bringen solche Erlebnisse wieder auf den »richtigen Weg«.

Für ganz Hartgesottene präpariert man eine Mausefalle mit einem Köder.

Das Tragen gefüllter Packtaschen ist eine Möglichkeit, überschüssige Energie abzubauen. So mancher freiheitsliebende oder jagdbegeisterte Hund lässt sich so beeinflussen.

Übermäßiges Bellen am Zaun

Nahezu jeder Hund verteidigt sein Revier mehr oder weniger stark. Da ist es ganz natürlich, dass der Hund »Eindringlinge« meldet. Manchmal ufert dieses Verhalten jedoch aus, und der Ärger mit Nachbarn und Passanten ist vorprogrammiert. Noch dazu wird das Bellen meist belohnt: Der Passant geht ja weiter, also hat der Hund ihn in seinen Augen vertrieben.

MÖGLICHE URSACHEN:

- Zu langes Alleinsein im Garten sowie eine psychische und physische Unterforderung.
- Unsicherheit des Hundes.
- Rassespezifische Veranlagung.

LÖSUNGSWEGE: Einen unsicheren Hund sollte man mit den Nachbarn vertraut machen. Am besten durch Füttern aus der Hand. Dabei sollte der Hund aber nicht über den Zaun gefüttert werden. So würde man unbewusst das Bellen belohnen.

Richtet sich das Bellen auf einen ganz bestimmten Bereich, kann ein Sichtschutz durch Lamellenzäune oder Bastmatten sinnvoll sein.

Bellt der Hund aus Langeweile, sollten Sie für eine entsprechende Auslastung sorgen, um überschüssige Energien abzubauen.

Auch die »Strafe aus heiterem Himmel« kann hier wieder eingesetzt werden, zum Beispiel ein scharfer Wasserstrahl aus dem Gartenschlauch.

Bellt der Hund, weil er von seiner Rasse her speziell darauf gezüchtet wurde, ist dieses Verhalten leider kaum zu beeinflussen.

Fressen von Unrat

Dieses Verhalten wirkt auf uns Menschen besonders abstoßend. Der Hund kann sich dabei auch leicht mit Krankheitserregern infizieren.

GU TIERRATGEBER

Expertenrat rund um den Hund

ISBN 3-7742-3148-6
DM 14,90 • ÖS 109,00
SFR 14,00

ISBN 3-7742-3142-7
DM 14,90 • ÖS 109,00
SFR 14,00

ISBN 3-7742-1392-5
DM 14,90 • ÖS 109,00
SFR 14,00

ISBN 3-7742-3151-6
DM 14,90 • ÖS 109,00
SFR 14,00

ISBN 3-7742-1007-1
DM 49,90 • ÖS 364,00 • SFR 46,00

Kompetent, praxisnah und einfühlsam: GU Ratgeber sind eine unentbehrliche Hilfe für alle, die mehr über ihren Hund erfahren wollen.

WEITERE TITEL ZUM THEMA HUND BEI GU:

- Mit dem Hund spielen und trainieren
- Unser Welpe
- Mein Traumhund
- Mit meinem Hund auf Reisen
- Wenn mein Hund älter wird
- Mein Heimtier: Der Hund

G|U

Gutgemacht. Gutgelaunt.